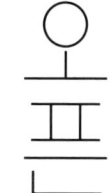

오픈

비즈니스 패권의 열쇠

오픈: 비즈니스 패권의 열쇠

초판 1쇄 발행 2024년 9월 30일

지은이 박수홍 / **펴낸이** 전태호
펴낸곳 한빛미디어(주) / **주소** 서울시 서대문구 연희로2길 62 한빛미디어(주) IT출판2부
전화 02-325-5544 / **팩스** 02-336-7124
등록 1999년 6월 24일 제10-1799호 / **ISBN** 979-11-6921-295-3 03500

총괄 송경석 / **책임편집** 홍성신 / **기획** 홍성신
디자인 표지 김재석 내지 최연희 / **전산편집** 다인
영업 김형진, 장경환, 조유미 / **마케팅** 박상용, 한종진, 이행은, 김선아, 고광일, 성화정, 김한솔 / **제작** 박성우, 김정우

이 책에 대한 의견이나 오탈자 및 잘못된 내용은 출판사 홈페이지나 아래 이메일로 알려주십시오. 파본은 구매처에서 교환하실 수 있습니다. 책값은 뒤표지에 표시되어 있습니다.

한빛미디어 홈페이지 www.hanbit.co.kr / 이메일 ask@hanbit.co.kr

Published by HANBIT Media, Inc. Printed in Korea
Copyright © 2024 박수홍 & Hanbit Media, Inc.
이 책의 저작권은 박수홍과 한빛미디어(주)에 있습니다.
저작권법에 의해 한국 내에서 보호를 받는 저작물이므로 무단전재와 복제를 금합니다.

지금 하지 않으면 할 수 없는 일이 있습니다.
책으로 펴내고 싶은 아이디어나 원고를 메일(writer@hanbit.co.kr)로 보내주세요.
한빛미디어(주)는 여러분의 소중한 경험과 지식을 기다리고 있습니다.

이 시리즈는 해동과학문화재단의 지원을 받아 NAEK 한국공학한림원과 한빛미디어가 발간합니다.

추천사

박수홍 그룹장이 내게 추천사를 요청했을 때 나는 오랜 친구이자 자유롭고libre 열린 소프트웨어의 동지로부터 소식을 듣는 기쁨이 앞섰다. 원고를 읽는데 프롤로그부터 눈길을 사로잡았다. '오픈소스 소프트웨어'에 머물러 있는 내 시야를 '오픈'이라는 화두로 그 지평을 넓혔다. 나는 동지들과 오픈소스소프트웨어재단Open Source Software Foundation을 발족하고 그 활동을 전개하면서도 저자가 설득하는 '오픈'까지는 생각하지 못했다.

이 추천사를 건네면서 기대와 기쁨이 교차한다. 기대는, 실제 현장에서 겪었던 일화가 독자의 흥미를 충분히 끈다는 것이다. 특히 국제적인 사례를 많이 알려주면서 독자의 궁금증도 충족시킨다. 그것이 가능한 것은 저자가 지금도 리눅스재단 이사로 활동 중이라서 최신 정보와 내부의 섬세한 이야기도 알려주기 때문이다. 기쁨은, 개인적으로 1990년대부터 공개소프트웨어 활동을 하면서 처음에는 변방에서 머물다가 어떤 때는 이단아 취급도 받았지만 이제는 공개소프트웨어가 주류로 자리 잡고 발전하고 있는 것이 기쁘다. 공개소프트웨어가 처음 제안되었을 때 품었던 개방, 공유 그리도 협업이란 정신이 두루 퍼지면서 계속 선한 영향력을 발휘하며 나가길 희망한다. 그런 의미에서 이 책은 그 일부를 보여준다.

김명준_한국전자통신연구원ETRI 전 원장

저자는 리눅스 재단 보드 멤버로서 오픈소스의 눈부신 성장에 직접적인 영향을 끼쳤다. 오늘날 모든 기술 제품과 서비스는 오픈소스를 기본 구성 요소로 한다. 이 책은 개발자와 기업에게 오픈소스 소프트웨어에 참여하고 최대 가치를 도출하는 방법에 대한 자세한 가이드를 제공한다. 오픈소스의 가치와 힘을 이해하기 위해 반드시 읽어야 할 책이다.

짐 젬린 Jim Zemlin _ 리눅스 재단 대표

오픈소스 현장에서 수년간 의견을 뜨겁게 나누던 저자의 연락을 받고 설레는 마음으로 책 초안을 펼쳐 들고는 반나절만에 그의 숨결을 따라 읽어 내려갔다. 정부의 소프트웨어와 인공지능 분야 R&D 기획 담당자 시절 여러 전문가와 정부 연구과제 결과물과 데이터의 오픈에 관해 머리를 맞대고 논의하던 중 유난히 '오픈의 전략이 무엇인가?'를 강조하던 저자 아니던가. 과연 그의 집필은 '오픈 전략'의 커다란 줄기 속에서 구글, 메타 등 빅테크 기업의 치열한 오픈소스 전략을 줌인, 줌아웃 하면서 오픈소스 철학을 관통하고 있다. 진작부터 우리에게도 이런 오픈소스 전략서 하나쯤은 있어야 하지 않나 생각했던 터라 너무나 반가웠다.

영화 〈아웃 오브 아프리카〉에서 남녀 주인공이 경비행기를 타고 아프리카 대자연을 가로지르는 그 느낌을 이 책을 읽는 내내 오픈소스 대

자연 속에서 받은 것은 또 하나의 경쾌한 경험이었다. 소프트웨어와 인공지능을 포함한 IT 분야 개발자, 연구자, 기업 전략 기획자, 정부와 공공 분야 정책 수립자 모두에게 권하고 싶은 책이다.

김형철_소프트웨어정책연구소 소장

전일사관全一事觀. 흔히 쓰는 표현은 아니지만 그 의미는 우리가 사는 세상의 모든 정신세계와 물질세계는 모두 하나로 연결되고 상호작용한다는 뜻이다. 오픈소스는 사람 간, 기업 간, 사람과 기업 간 그리고 내가 사는 지구공동체와 우주를 하나로 연결하는 플랫폼으로 자리 잡고 있다. 저자의 책은 이러한 어려운 주제를 놀라울 만큼 쉽고 다채로운 이야기로 풀어내며 자신의 생생한 경험에 독자가 접속할 수 있게 도와주는 작품이다.

홍충선_경희대학교 부총장, 컴퓨터공학부 교수, IEEE Fellow

"퍼져라, K-오픈소스의 향기여"
박수홍 그룹장은 향기 있는 사람이다. 가죽 재킷을 입고 시크하게 회의 자리에 앉는 순간 라임 향이 나는 듯하더니 그동안 국제 무대에서 오픈소스를 리딩해온 경험과 전략이 쏟아진다. 한참 정리가 끝나면 그는 "그렇긴 한데 오픈소스니까 도와야 하지 않겠냐"며 돌아가서는 설명과 자료를 이메일로 또 챙긴다. 이번엔 우리는 함께 오래 한다는 걸 잊지 말라는 노르웨이 숲 향이 나는 듯하다.

저자의 책도 똑같다. 다양한 국내외 오픈소스 활동을 통해 나열된 장과 절 제목은 간결하고 선언적이지만, 가만히 보면 서로 연결되어 오픈소스의 성숙 정도에 따라 고민하게 될 문제를 하나하나 짚어 설명하고 있다. 시간을 축으로 돌아가는 일들은 우리에게 미래를 예측하고 대비하게 해준다. 오픈소스 개발자도, 프로젝트 리더도, 기업 대표도 이 책을 곁에 두고 수시로 펼쳐봐야 하는 이유다.

누구에게나 오픈을 하는 목적이 있다. 참여와 협력의 이유도 있다. 이 책을 통해 아름다운 오픈소스의 목적과 가치를 이루기를 기원한다. 'K-오픈소스 디퓨저'로서 이 책의 활약을 기대한다.

심호성_공개소프트웨어협회 상근부회장

더운 여름날 시원한 단비처럼 반가움과 즐거운 마음으로 단숨에 읽었다. 오픈 하드웨어, 오픈 Radio, 오픈 RAN 등 오픈이 대세인 듯하면서도 유행가처럼 시간이 지나면 식상해 보일 수도 있지만 이 책은 자칫 딱딱할 수도 있는 오픈과 표준에 대해 저자의 짜임새 있는 고민의 흔적에 이끌려 속도감 있게 읽힌다.

2006년 IETF에서 IoT 표준 드래프트를 만들면서 그 당시 워킹그룹 의장이었던 박수홍 그룹장과의 만남이 시작되었다. 서로 의기투합하여 공동 작업도 하고, 열심히 토론하며 박수홍 그룹장이 언젠가는 큰 일을 할 사람이라는 확신이 있었다. 이 책은 하나의 시작이라고 생각한다.

많은 컨퍼런스와 매체를 통해 내비쳤던 저자의 발표들이 짜임새 있게 정리되어 오픈을 주제로 다양하면서도 수준 있고 깊이 있는 의견과 주장이 엿보인다. 이는 저자가 자타가 공인하는 우리나라 최고의 오픈소스 및 표준 전문가이기 때문이다. IT 분야 학생, 전문가뿐 아니라 일반인에게도 어렵지 않고 재미있게 읽히는 '오픈'의 지평을 열 것임을 확신한다.

김기형_한국컴퓨터통신연구회OSIA 회장, 아주대학교 사이버보안학과 교수

디지털 대전환의 주요 키워드 중 하나가 인공지능이라면 다른 하나는 오픈소스가 아닐까 생각한다. 10년 이상 오픈소스 현장에 참여하면서 특히 클라우드 기술 분야의 오픈소스 현장인 1만 명 이상의 개발자들이 모이는 기술 서밋 행사장에서 느꼈던 변혁의 바람과 이를 공유하고 싶었던 갈증이 오늘 이 책을 만나면서 해갈됨을 느낀다.

오픈소스는 IT 분야 기술 개발의 필수적인 환경이고 관련 기업이 반드시 참여해야 할 광장이다. 이 뜨거운 광장에 들어가면서 길을 잃지 않고 제대로 정확한 지점으로 가기 위해선 오프소스의 모든 면목을 알아야 하는데 현장에서 체득하여 얻은 지식을 바탕으로 한 지침서가 우리 앞에 있음이 감사할 뿐이다.

IT 분야 인재를 양성하는 교육 현장의 교수와 학생, 치열한 IT 산업 현

장에서 오픈소스를 사용 중이거나 사용을 고민하는 분들, 나아가 오픈소스 관련 정책 입안자 모두 일독을 권한다.

김영한_숭실대학교 전자정보공학부 교수, 한국통신학회 전 회장

프롤로그

오픈은 속셈이 있다.

　유튜브에 나만의 필살기를 오픈하는 목적은 '구독'과 '좋아요'에 있다. 실버버튼을 위해 밤낮으로 노력하고 이후에는 골드버튼을 위해 더 많은 것을 오픈한다. 골드버튼은 유튜버 부의 상징이다. 블로그에 좋은 글이나 사진, 요리 비법을 오픈하는 목적도 다양하다. 타인의 피드백을 자신의 성장에 활용하기도 하고 더 많은 사람과 공유하여 자신의 인지도를 높이기도 한다. 대학 시절 나는 특별히 싫어 하는 과목은 없었지만 피하고 싶은 시험이 있었는데 바로 오픈북 시험이었다. 오픈북 시험에서는 좋은 학점을 받은 기억이 없다. 다른 과목은 공부해야 할 시험 범위가 정해지는데 오픈북은 범위가 애매하다. 시험에 책을 사용할 수 있으니 책 전체가 시험 범위라고 해야 할까. 교수에게도 오픈북은 채점하는 데 많은 수고가 든다. 범위가 정해진 시험은 모르면 답을 쓰지 못하는 게 보통인데 오픈북은 책을 볼 수 있으니 정답이 아니더라도 책을 보며 빽빽하게 답안지에 채운다. 그래봐야 학점은 엉망이지만. 아무튼 오픈북은 학생들로 하여금 시험을 포기하지 말고 한 번이라도 더 책을 보게 하려는 교수들의 목적이 있다. 팬데믹 시기에는 약국이 마스크 잔여량을 오픈해서 어디서 마스크를 사야 하는지를 앱으로 확인할 수 있었다. 동네를 넘어 국가 간에도 코로나 예방법이나 치료법을 인터넷에 오픈하여 함께 어려움을 극복했다. 프로들만 참여하는 경기에도 오픈(골프의 US오픈이나 테니스의 호주오픈 같은)이 있다. 이때는 아마추어도 참여하도록 하여 신선한 재미를 주기 위한 목적이다. 아주 가끔 생각지도 못한 아마추어가 우승하는 감동을 만들기도 하는데 1% 아니 그보다 더 희박한 가능성을 수많은 관객은 기대하며 경기를 본다. 오픈의 목적은 경기의 흥행에 있다.

기술 분야에도 오픈은 다양하다. 기업 혁신을 목적으로 외부의 기술이나 아이디어를 사내에 적극적으로 받아들여 협력하는 방식을 오픈 이노베이션이라 한다. 서비스들이 네트워킹하며 협력하는 목적의 Open API도 다양하다. Open API를 통해 배달앱은 다른 회사가 제공하는 지도 정보를 사용할 수 있고 달력앱은 기상청이 제공하는 날씨 정보를 연동하여 날짜별로 표시할 수 있다. 기술과는 거리가 멀어 보이는 헌법재판소에서도 Open API를 제공하고 있는데 판례나 관련 정보를 외부에서 활용할 수 있도록 하는 목적이다. 특히, 소프트웨어를 공유하고 다른 개발자와 협력하는 목적의 오픈소스open source는 우리에게 널리 알려진 대표적인 오픈이다.

오픈소스는 오픈open과 소스source의 합성어다. 다양한 소스를 오픈하는 것을 가리켜 오픈소스라고 하는데, 특히 소프트웨어 분야에서 수십년간 이 단어를 지배적으로 사용하면서 오픈소스가 곧 오픈소스 소프트웨어라고 많은 사람이 한정적으로 생각하기도 한다. 하지만 최근 오픈소스 AI, 오픈소스 하드웨어, 오픈소스 반도체, 오픈소스 데이터 등 다양한 소스로 확대되고 있으므로 더 이상 오픈소스가 소프트웨어의 전유물이 아니다. 기술 규격을 정해 개발비를 줄이고 제품 호환성을 높이는 표준화에서도 오픈은 늘고 있다. 갤럭시에서 접속하여 사용하는 웹사이트를 아이폰에서도 동일하게 사용할 수 있는 건 웹 기술이 표준화되어 있기 때문이다. 사용하던 스마트폰을 해외에서도 사용할 수 있는 것도 통신 기술을 표준화했기 때문이며 내가 작성해서 전송한 이메일을 친구가 받아 읽을 수 있는 것도 인터넷 기술이 표준화되어 있기 때문이다. 과거 기술표준은 특허를 통해 독점권으로 보호했고 로열티로 수익을 얻었다. 하지만 최근에는 플랫폼 사업을 목적으로 로열티 없는 오픈표준이 늘어나고 있다. 그 외에도 다양한 오픈이 늘어나고 있다.

특히, 기업 관점에서 바라본 오픈은 사뭇 다른 느낌이었다. 친절하고 즐겁기만 할 것 같은 오픈에 기업 간의 승패가 있고 필승 전략이 요구되며 동시에 지켜야 하는 규칙이 있음을 알았다. 규칙이 있다는 건 승패가 중요한 경기라는 의미이며 졌을 때는 치명적이다. 피파FIFA는 월드컵 경기에 공정성을 더하기 위해 2016년 비디오 판독 시스템을 정식으로 도입했다. 그만큼 승패가 중요한 경기라는 의미다. 물론 조

기축구에도 규칙이 있고 간혹 심판도 있지만 그렇다고 월드컵만큼 규칙을 엄격하게 적용하지는 않는다. 승패가 절대적인 목적이 아니기 때문이다. 오픈소스 소프트웨어는 누구나 오픈할 수 있다. 하지만 이기는 오픈소스는 명확한 정의와 규칙이 있고 또한 철저한 사전 준비가 있다. 규칙이 있다는 말은 다른 의미로 반칙도 있다는 의미다. 오픈소스가 기업의 중요한 경쟁력이 되면서 이기기 위한 반칙도 난무하는 게 오픈의 현실이다. 우리 사회를 송두리째 바꾸고 있는 AI 분야에서도 오픈소스가 증가하고 있어 최근 '오픈소스 AI'를 정의하기 위한 논의가 한창이다. 90년대 초반 정의한 '오픈소스 10가지 정의'로 소프트웨어는 비약적인 발전을 했다. '오픈소스 AI'가 정의되면 AI 분야도 소프트웨어만큼 아니 그 이상의 발전이 기대된다.

오늘날 오픈의 목적은 결국 수익이다. 수익은 금전적일 수도 있지만 무형의 다른 형태일 수도 있다. 하지만 내가 가진 '특별한 소스'를 오픈할 때는 무언가 가치 있는 것을 타인에게서 얻기를 기대한다. 물론 아무런 대가나 수익을 바라지 않고 오픈하는 경우가 우리 사회에는 여전히 많다. 하지만 여기서는 그러한 오픈을 다루지 않는다. 그건 어떤 편견과 의심 없이 존중해야 하는 선한 기부이므로 늘어나기를 바라는 마음이지만, 동시에 선의를 의심해야 하는 오픈도 섞여서 우리 주변에 늘고 있기에 오픈을 다각도로 바라보고 정확히 이해할 필요성이 커졌다.

'비어 오픈소스 라이선스'라는 것이 있다. 비어웨어Beerware라고 불리며 비어beer와 소프트웨어software를 합친 말이다. 라이선스 내용은 아래와 같다.

"내가 오픈한 것을 당신 맘대로 사용해도 됩니다. 그리고 혹시 언젠가 우리가 만나게 될 때 당신이 공짜로 사용한 것이 의미 있다고 생각되면, 그때 저에게 맥주 한 잔만 사세요."

라이선스를 보고 분명 누군가는 이렇게 생각할 것이다. '그럼 의미 없다고 생각하면 맥주를 사지 않아도 되겠네?' 그렇다. 비어웨어는 분명 오픈소스 라이선스이긴 하나 수익이나 대가를 바라기보다는 빡빡하고 힘든 세상에 서로 공유하고 협력하며 함께 잘 살아보자는 응원의 마음을 맥주 한 잔에 담고 싶었던 개발자의 진심이다. 내가 오픈소스에 몸담았던 시간 속에서 한 번도 비어웨어를 만나보지 못한 것이 씁쓸하기도 하다. 지난 수십년간 오픈소스를 발전시킨 원동력은 수많은 개발자들의 더 나은 소프트웨어 세상을 만들기 위한 헌신과 노력이 있었음을 누구도 부인할 수 없다. 비어웨어의 자유와 낭만이 이젠 사라지고 없다는 게 아쉽긴 하지만 또한 현실을 직시하는 지혜가 필요한 시대이기도 하다.

이제, 오픈을 다시 바라보고 어떻게 하면 새롭게 다가오는 경기에서 각자가 이길 수 있는지 작전을 짜야 할 때다. '오픈'이라는 단어가 주는 막연한 호감에 현혹되지 말고.

차례

추천사 / 프롤로그

1 새로운 세상을 '오픈'하다

오픈소스는 핫소스 22 / 별밤지기는 더 이상 공개방송을 하지 않는다 25
오픈은 평등하지만 공평하지는 않다 33

2 오픈에는 저마다의 이유가 있다

내가 당신 편입니다 48 / 이러다가는 다 죽어! 52 / '프로 이직러' 등장 56
마트의 시식 코너 59 / 날 바라보는 널 바라보며 성장한다 63
구독과 좋아요, 그리고 알람 설정까지 67 / 우리는 구멍을 메우는 데 능숙해요 69
한 걸음 더 가까이 72 / 새 술은 새 부대에 75

3 오픈의 힘은 어디서 오는가

더 작아진 세상 82 / 재산보다 연결이 중요한 세대 86
거리두기로 더 가까워진 오픈 90 / 다양한 소스들의 등장 93
유니콘을 꿈꾸는 실리콘밸리 스타트업 96 / 오픈소스 어게인 99
여러분, 나 오늘 회사에서 잘렸어요 104 / 오픈소스 어디까지 가봤니? 106
셋방살이에서 독립 109 / AI 해자는 없다 111

4 오픈은 순수하지 않다

전통을 존중하지 않고 혁신만 존중한다 **121** / 경쟁에 신사협정은 소용없다 **128**
오픈소스 잡았다면 소프트웨어에 올인 **136**
여름만 되면 구글로 달려가는 대학생들 **142**
성공하는 전략이 아닌 지지 않는 전략 **148**
경계가 무너질 때 위기와 기회는 함께 온다 **153**
만장일치보다 불일치의 최소화 **158**
Code is King **164** / 사용설명서 확인은 필수 **168** / 공짜 점심은 없다 **172**

5 오픈의 시대 어떻게 대처할 것인가

오픈하라, 한 번도 상처받지 않은 '것처럼' **180**
43.195Km를 목표로 뛰어라 **185** / 기술 부채를 물려주지 말자 **189**
MBO 부작용 **194** / 포스트잇으로 개발자 채용을? **198**
오픈을 가속하는 허용적 라이선스 **204** / K-오픈소스를 향해 **211**
행사에서 커뮤니티로 **217** / 오픈이 곧 표준 **222**

에필로그 **229**

1
새로운 세상을 '오픈'하다

나는 다양한 오픈에서 싸웠는데 이기기도 했지만 많이 지기도 했다. 절반은 '오픈표준'에서 나머지 절반은 '오픈소스'에서 싸웠다. 세상에 없던 오픈표준 단체와 오픈소스 단체를 처음부터 직접 만들기도 했으니 내 커리어 중심에는 '오픈'이 자리 잡고 있다.

오픈에서 싸웠다는 말이 낯설게 들릴 수도 있다. 오픈이라고 하면 왠지 모르게 가치가 떨어지고 누구나 쉽게 할 수 있는 별것 아닌 느낌이 든다고들 한다. 하지만 그건 오픈이 주는 힘을 경험하지 못한 데서 오는 말이다. 인터넷도 스마트폰도 없던 시절에는 그럴 수 있다. 하지만 세상이 하나로 연결되어 모든 정보와 기기, 문화와 시장이 쉴 새 없이 뒤섞이고 변화하는 지금 오픈의 힘은 강력하다. 팬데믹을 거치면서 사람들은 온라인과 비대면 생활에 익숙해졌고 위기 극복을 위해 너나 할 것 없이 서로의 정보를 연결하고 공유해야 하는 중요성을 실감했다. 지금은 '공유와 협력'을 빼고 이야기할 수 없는 시대가 됐다.

그동안 수많은 글로벌 기업들과 일하며 직접 경험한 오픈의 힘은 실로 대단했다. 보잘 것 없어 보였던 것들이 빠르게 성장하는 경우를 수없이 봤고, 스포트라이트를 받으며 화려하게 등장한 프로젝트들이 맥없이 사라지는 경우도 무수히 봤다. 친한 동료로 허물없이 협력하던 사이에서 하루아침에 싸워 이겨야 하는 적대적 관계가 되기도 했다. 서로 비난하고 욕하던 사이가 언제 그랬냐는 듯 한편이 되기도 했다. 기업들이 오픈에서 이기기 위해 안간힘을 쓰는 걸로 봐선 분명 중요한 뭔가가 있고 그만큼 이기기 쉽지 않다는 반증이다.

오픈소스는
핫소스

챗GPT가 화제다. 챗GPT_{Chat Generative Pre-trained Transformer}가 어떤 기술인지는 잘 모르더라도 AI가 소설을 쓰고 그림을 그리며 작곡한다는 기사를 한 번쯤은 본 기억이 있을 것이다. 챗GPT를 만든 OpenAI는 AI 앞에 '오픈'이라는 단어를 붙였다. 무엇을 오픈했다는 의미일까? 챗GPT라는 새로운 서비스를 개발하여 세상에 공개했다는 의미로 오픈을 붙였을까, 아니면 이전에 없던 새로운 세상을 열겠다는 의지를 표현하기 위해 오픈을 붙인 것일까. 기업 이름을 단순한 재미나 즉흥적 아이디어로 만들었을 리는 없다. 기업을 만든 목적과 가치 그리고 미래 어떤 모습으로 성장하기를 바라는 비전이 기업의 이름에 반영되는 것이 보통이다. 그런 의미에서 세계적으로 각광받는 AI 기술을 연구하고 개발하는 기업 이름에 왜 오픈이라는 단어를 붙였는지 한 번은 생각해볼 필요가 있다. 뒤에서 살펴보겠지만 사실 오픈AI는 그 이름과는 달리 소스를 오픈한 것은 없다. 그래서 많은 개발자들에게 비난을 받고 있기도 하다.

하버드대 경제학자인 헨리 체스브로는 『오픈 이노베이션』에서 기업은 혁신을 하면서 지속적으로 발전해야 하는데 그 핵심은 오픈이라고 주장한다. 우리가 잘 알고 있는 수많은 기업의 사례에서 오픈 이노베이션의 효과와 가치를 입증하고 있다. 이제 기업은 폐쇄적인 형태로는 발전할 수 없으며 개방적인 노력을 통해 외부 변화에 민감하게 대응해야 한다는 것이다. 혁신은 남들이 하지 못하는 오로지 자신만이 할 수 있는 차별화된 무엇이다. 그렇다면 이것은 나만 알고 있어야 하는 게 아닐까. 그래야 나만의 경쟁력이 되고 필살기가 될 텐데 왜 오픈을 통해 혁신해야 한다는 것일까. 오픈하게 되면 남들도 다 알게 될 텐데 말이다.

소프트웨어 분야의 오픈소스는 소프트웨어를 오픈한다는 의미다. 우리가 사용하는 전자제품을 동작시키는 데 있어 소프트웨어는 필수적이다. 20세기 컴퓨터를 시작으로 21세기 스마트폰, 자동차뿐만 아니라 우리 주변에 동작하는 모든 제품들은 그 안에 소프트웨어가 있기에 가능하다. 그러한 소프트웨어를 개발하기 위해 기업이 많은 인력과 자본을 투입하는 것은 너무도 당연하다. 그런데 힘들게 만든 자신의 소프트웨어를 오픈한다고? 그것도 공짜로? 왜? 왜 그래야만 할까?

오픈이라는 말을 붙이지 않더라도 이미 우린 오픈된 많은 것들 속에서 생활한다. 유튜브에 수많은 영상이 오픈되어 있고 인터넷에 있는 정보들도 오픈되어 있다. 물론 특정한 사람에게만 오픈되어 있는 경우도 있지만 대부분 누구나 사용할 수 있도록 오픈되어 있는 것들이 허다하다. 어느 누구도 자신이 힘들게 만든 자산이나 노하우를 아무 목적도 없이 남에게 공짜로 줄 이유는 없다. 그렇다면 분명 오픈에는 그렇게 할 수밖에 없는 필연적 이유가 있다.

"오픈소스는 핫소스"

아내가 가끔 하는 말이다. 기술을 전혀 모르는 사람이지만 오픈의 속성을 정확히 꿰뚫어 본 말이라 생각한다. 그렇다 오픈소스는 핫(hot)하다. 여러 산업 분야에서 '핫'하게 경쟁하고 있고, 새로운 '핫' 스타들을 탄생시키고 있으며 때론 지나치게 '핫'해서 다치기도 한다.

별밤지기는 더 이상
공개방송을 하지 않는다

오픈의 사전적 의미는 '열다'이다. 일상에서 주로 사용하는 그 의미다. 하지만 산업과 기술 영역에서의 오픈은 그 의미가 달라지는 것을 볼 수 있다. 예를 들면 Open API(Application Program Interface)에서는 '열다'라는 의미보다 개발자가 원하는 정보를 정해진 규칙에 따라 접근하여 사용할 수 있도록 '허락'한다는 의미다. Open SDK(Software Development Kit)에서도 연다는 의미보다 SDK라는 것을 누구나 사용할 수 있도록 '공개'한다는 의미가 강하다. Open Source의 오픈은 '열다' 또는 '공개하다'보다 더 넓은 의미를 가진다. 누구나 사용할 수 있도록 소스(소프트웨어 일수도 있고 문서나 자료일 수도 있는 모든 형태)를 '공개'한다는 의미이지만 단순한 공개가 아니라 '반드시 지켜야 하는 규정이 있는 공개'라고 해야 정확하다. '정확한 의미'라고 강조한 이유는 지켜야 하는 규정을 지키지 않고 오픈한 소스는 오픈소스가 아니기 때문이다. 이런

소스들을 굳이 표현하자면 'Opened Source' 즉 '오픈되어 있는 소스' 정도로 표현하는 게 맞다. 정보 검색에 많이 사용하는 네이버 카페도 '공개/비공개'로 사용한다. 공개 카페는 누구나 접속해서 정보를 볼 수 있으나 비공개 카페는 허락받은 회원만 접근 가능하다. 카카오톡도 유튜브도 '공개/비공개'로 구분할 수 있다. 오늘날 오픈은 '열다' 또는 '공개하다'와 같이 단순한 해석이 아닌 복합적 의미를 가진다.

Open의 반대는 Close인가

Open이 열다일 경우 반의어는 Close다. 하지만 그 이상의 의미일 때는 반의어가 달라진다. 예를 들면 Open API/SDK 같은 경우 반의어는 Close API/SDK가 아니다. 이런 경우에는 Proprietary API, Proprietary SDK라고 한다. Proprietary는 소유주가 있다는 의미이므로 아무나 사용할 수 없다는 뜻이다. 즉 여기서 사용된 오픈은 '누구나 사용할 수 있는 것'이라는 넓은 의미를 가진다. 따라서 오픈을 '열다'라는 단순한 의미로 해석할 수 없다.

Open은 주인이 없나

앞서 Open SDK의 반의어가 Proprietary SDK라고 했다. 그렇다면 오픈을 붙인 것들은 아무도 돌보는 주인(소유주)이 없다는 의미일까. 그렇지는 않다. 정확히 표현하자면 주인은 있으나 주인뿐만 아니라 누구나 사용할 수 있도록 허락한다는 의미다. Open SDK를 이용해 개발자는 다양한 애플리케이션을 개발할 수 있다. 안드로이드폰이나 아이폰 같은 스마트폰에서 새로운 앱을 개발하기 위해서는 SDK를 이용해서 새로운 서비스를 만든다. 즉 SDK를 제공하지 않는다면 스마트폰에서 사용하는 수많은 앱을 개발하는 것은 거의 불가능하다. 집에서 파티를 준비할 때 SDK는 밀키트와 같다. 밀키트를 몇 개 주문해서 내용물 그대로(때론 가열해서)다른 그릇에 옮겨 담을 수도 있다. 하지만 자신이 원하는 양념이나 재료를 추가해서 밀키트의 맛과 멋을 더 높일 수도 있다. 처음부터 재료들을 사서 요리하는 것보다 훨씬 쉽고 빠르다. SDK는 이처럼 개발자들이 앱을 개발할 때 자신만의 레시피를 밀키트에 추가하듯 개발할 수 있도록 한다. 밀키트는 만들어서 판매하는 판매자가 있고 SDK도 만드는 주체가 있다. 그것을 오픈할 것인지 아니면 혼자만 사용할 것인지는 만든 소유자의 결정이다. 오픈은 반드시 주인이 있음을 명심해야 한다. 다른 의미로는 Open이 다시 Proprietary로 언제든 변경될 수 있다는 것이다. 최근 오픈소스의 소유주가 라이선스를 변경하는 사례도 종종 볼 수 있다.

Open은 공짜인가

'세상에 공짜는 없다'는 말을 많이 한다. 많은 시간과 노력, 자본을 투자해서 만든 것을 대가 없이 남들에게 오픈한다는 것이 가능할까. 결론부터 말하자면 그런 오픈은 기대하지 않는 게 좋다. 오픈에는 저마다 숨겨진 목적이 있고 최근에는 오픈의 목적을 처음부터 알리고 시작하는 경우도 많다. 그리고 그 목적은 결국 상업화로 연결된다. 어느 시골에 요리 솜씨가 좋은 할머니가 유튜브에 영상을 올리는 목적은 더 많은 구독과 좋아요를 얻기 위함이고 그렇게 되면 구글을 통해 수익을 얻을 수 있다. 나만이 알고 있는 사진 촬영법이나 음식 레시피를 블로그에 공개하는 것도 더 많은 구독자를 확보하고 혹 들어올 수 있는 광고나 외부 섭외도 기대할 수 있다. 세상 모든 오픈에 공짜는 없다. 그렇기에 때론 오픈이 예상하지 못한 엄청난 비용 대가를 치러야 하는 경우도 허다하다. 몇 년 전 초등학생 대상으로 조사한 장래희망직업 1위가 유튜버였다. 아이들은 유튜브를 통해 유명해지고 큰 돈을 벌 수 있다는 사실을 이미 잘 알고 있다. 유튜브가 있기 전에는 블로그나 카페가 그 역할을 했다. 이제는 인스타그램이나 틱톡TikTok 같은 다양한 소셜 네트워크 서비스들이 오픈의 수익을 쫓아 계속해서 등장한다.

Open 은 이타적인가

오픈의 목적은 오픈하기 전 상태보다 더 많은 사람이 참여하여 발전하기를 기대한다. '멀리 가려면 함께 가라'는 말이 있다. 혼자보다 타인이 참여하도록 하여 함께하는 것이 목표에 적합하여 오픈하는 것이다. 그렇다면 어떻게 혼자 하는 것보다 오픈하여 함께하는 것이 유리할까. 경북대학교 최정규 교수의 『이타적 인간의 출현』에서는 '반복-호혜성 이론'을 제시하고 있다. 이타적인 행위를 하는 것이 추후에 대가를 받기 위함이라는 것이다. 오픈을 한 사람은 이것을 사용한 사람이 자신에게 다시 유익함으로 돌려줄 것이라는 기대를 한다. 순수한 이타적 행위로 오픈하는 것이 아니라 생존을 위해 불가피하게 이기적인 전략적 동맹이라는 것이다. 오픈에는 이타성과 이기성이 복합적으로 작용하고 있다.

Open은 믿을 만한가

오픈을 폐쇄하거나 무료로 제공하던 서비스를 유료로 전환하는 사례는 과거에도 많았다. 처음에는 무료로 제공하다가 사용자가 늘면 어느 순간 유료로 전환하는 경우를 자주 볼 수 있다. 화가 나기도 하지만 그렇다고 사용자가 취할 수 있는 방법은 별로 없다. 쓰고 싶으면 돈을 내고 쓰던가 아니면 더 이상 쓰지 못하는 게 현실이다. 우리 주변에서 오픈은 뭔가를 시작할 때 빨리 알리고 사용자를 끌어모으기 위한 홍보용으로 사용된다. 그렇다면 오픈은 언제든 폐쇄되거나 유료화될 수 있기에 믿지도 말고 쓰지도 말아야 할까. 최근 오픈은 주인의 횡포에서 스스로를 지키는 힘이 강해지고 있다. 오픈소스 소프트웨어 기업 레드햇Red Hat이 무료로 제공하던 오픈소스 RHELRed Hat Enterprise Linux을 자사 솔루션을 구매하여 쓰는 기업에게만 소스코드에 접근할 수 있는 정책을 발표하면서 오픈소스 진영과 경쟁업체들로부터 비난에 휩싸인 적이 있다. 사실 레드햇이 유료로 전환한 RHEL이라는 소프트웨어는 리눅스 오픈소스를 기반으로 한다. 결과적으로 레드햇은 무료 소프트웨어를 유료로 전환한 것이다. 예전 같으면 소비자와 경쟁사가 반발하고 소송전에 이르는 지루한 싸움이 이어졌을 것이다. 하지만 최근 많은 이들은 오픈에 익숙하고 그 힘을 잘 안다. 레드햇 경쟁사들은 힘을 모아 두 달만에 새로운 오픈소스인 '오픈ELAOpen Enterprise Linux Association'를 공개했다. 오픈ELA는 RHEL의 무료 버전을 계속 제공하겠다는 목적이다. 여기에도 '오픈'이라는 단어는 어김없이 사용됐다. 물론 향후 RHEL과 오픈ELA 경쟁은 지켜봐야 하겠지만 분명한 건 더 이상 오픈을 자신 마음대로 닫거나 휘두를 수 없는 구도가 생겼다는 점이다.

Open은 공유인가

자신의 집을 공유하는 스테이폴리오나 에어비앤비, 중고 거래를 중개하는 당근, 위워크와 같은 공유 오피스, 더 나아가 자신만이 가진 노하우와 기술을 공유하는 숨고 같은 형태까지 '공유 경제'의 모양새는 다양하다. 공유의 모든 내용은 스마트폰을 통해 오픈한다. 하지만 오픈과 공유는 목적과 성격이 다르다. 공유는 자신이 소유한 것을 필요로 하는 다른 사람이 일정 기간 사용할 수 있도록 하며 주로 비용을 지불한다. 이에 비해 오픈은 자신이 소유한 것을 제한 없이 누구나 사용할 수 있도록 하며 대부분 무료다. 특히 오픈소스의 경우 정해진 라이선스를 준수한다면 사용자가 소프트웨어를 무상으로 소유할 수 있어서 자유롭게 수정, 배포할 수 있다. 최근 프랑스에서는 공유 킥보드로 인한 시민 안전 및 불편으로 공유 금지 여부를 고민하다 도입 5년 만에 파리에서 퇴출시켰다. 공유오피스 기업 대명사 위워크는 현재 파산을 신청한 상태다. 팬데믹으로 인한 사용률 감소와 자신 소유의 오피스를 갖고자 하는 소비자의 욕구를 충족시키지 못하는 등 이슈를 해결하지 못했다. 오픈은 공유의 한 형태이지만 그렇다고 모든 공유가 오픈은 아니다.

오늘날 오픈의 분위기를 정확히 전달하고 이해하기 위해서 국내에서도 외래어를 그대로 사용하는 게 바람직해 보인다. 5G/6G를 5세대/6세대라고 부르는 사람은 없다. 외래어이지만 단어에 함축된 명확한 의미를 전달하기에 그대로 두는 것이 굳이 우리말로 어색하게 번역하는 것보다 낫기 때문이다. 인터넷이 그렇고 스마트폰이 그렇다. 인터넷 초기 국내 한 대학에서 출판한 번역서에 '보쌈'이 등장했다. 공학서적에서 너무도 낯선 표현이었다. 원서를 번역하는 과정에서 패킷packet을 보쌈으로 번역한 것이다. 참신한 생각이긴 하나 의미 전달은 전혀 되지 않은 대표적 번역으로 공학도들 사이에서 유명한 에피소드다.

유시민의 『유시민의 글쓰기특강』에서는 번역서가 불편한 이유에 대해 다음과 같이 설명한다. "번역서를 읽다 보면 텍스트를 이해하기 어려운 때가 많다. 그럭저럭 이해는 하지만 불편한 느낌을 떨치기 어려울 때도 있다. 여러 이유가 있지만, 가장 큰 문제는 번역서의 문장이 우리말답지 않다는 데 있다. 문장을 잘못 쓰면 뜻을 잘 나타내지 못한다. 번역은 남의 나라 말로 된 책을 우리말 책으로 바꾸는 작업이다. 원문의 뜻을 정확하게 전달하는 것은 기본이고 문장의 분위기까지 제대로 전해주면 더 좋다."

'오픈'을 '공개'나 '공유'처럼 기존에 직관적으로 인식하고 있는 표현으로 번역하여 받아들이기엔 오픈이 가진 복잡미묘한 의미, 즉 '현대사회에서 사용되는 정확한 뜻과 시장 분위기'를 제대로 전하기 어렵다. 오픈이 열어 가는 아니 이미 활짝 열어버린 새로운 세상에서 살아남기 위해서는 오픈을 다각도로 이해하고 여러 측면을 바라보는 통찰력이 필요하다.

이문세가 라디오에 돌아왔다. 많은 사람 추억 속에 있고 젊은 세대에게는 소문으로 들었을 별밤지기. 저녁 10시가 되면 라디오를 켜고 전국의 애청자들과 만났다. 특히, 가끔 MBC 스튜디오에서 열리는 공개방송의 인기는 대단했다. 목소리만 듣던 별밤지기와 유명 연예인들을 보기 위해 전국에서 모였다. 하지만, 새로운 모습으로 우리 곁에 돌아온 이문세는 더 이상 '공개방송'을 하지 않을 것 같다. 그때와 달리 오늘날 라디오는 인터넷을 통해 전 세계에 실시간으로 방송한다. '듣는 라디오'는 '보이는 라디오'로 변했고 유튜브와 스마트폰을 통해 언제 어디서나 볼 수 있다. 정해진 시간과 장소에서 방청객을 모아 진행하던 공개방송이 더는 필요 없게 됐다. "따란, 따란, 따라라라란" 라디오 앞에서 시그널 뮤직을 기다리던 시대는 갔다. 세상은 변했고 공개방송은 '오픈' 스튜디오로 바뀌었다.

오픈은 평등하지만
공평하지는 않다

오픈을 제대로 이해하기 위해서는 오픈이 갖는 다양한 속성을 알아야 한다. 그래야 어떤 목적으로 무엇을 오픈할 것이고 어떻게 오픈하면 성공 가능성이 높을지를 가늠할 수 있다. 속성에는 과거와 달라진 기술 변화, 인식 변화, 환경 변화 그리고 문화의 변화 등 복합적인 요소가 영향을 미친다. 손자병법에 '지피지기 백전불태知彼知己 百戰不殆'라는 말이 있다. 나를 알고 적을 알면 백 번 싸워도 위태롭지 않다는 뜻이다. 오픈을 적으로 간주하자는 의미보다는 각양각색으로 변할 수 있는 오픈의 속성과 특징을 알아야 우리 삶에 시도 때도 없이 밀려오는 오픈에 적절하게 대응할 수 있기 때문이다.

오픈은 글로벌이다

'세상은 하나 우리는 하나'라는 말을 종종 사용했다. 그때는 모두가 함께 잘 살아야 한다는 평등주의나 인류애 같은 사상적인 의미였다고 생각한다. 하지만 지금은 생각만이 아닌 실제로 하나의 세상이 됐다. 인터넷으로 전 세계가 연결되어 있다. 지구 반대편에서 일어나는 일을 실시간으로 알 수 있다. 그것도 복잡한 방법이 아니라 스마트폰 하나면 충분하다. 앞에서 유튜브를 예로 들었지만 먹방 사례는 오픈이 미치는 영향이 얼마나 큰지 실감하게 한다. 한 동네에 음식 솜씨가 좋아 그 동네에서 모르는 이가 없는 노부부가 있다. 옆 동네 잔치에 도움을 주면서 이 동네 저 동네 유명세가 알려지게 되지만 그래봐야 그 유명세는 몇 개 동네를 넘어서지 못한다. 하지만 그 자녀가 유튜브 채널을 만들고 노부부의 음식하는 모습을 스마트폰으로 찍어서 공유하면서부터 구독자 수가 100만이 넘어서고 특정 콘텐츠 500만 뷰를 넘어섰다. 그중에는 외국에 거주하는 사람도 다수다. 이제 더 이상 노부부의 유명세는 동네에 그치지 않는다. 오픈의 스케일은 전 세계다.

오픈은 반전이다

2023년 미국에서 열린 골프대회에서 예상치 못한 반전 스토리가 벌어졌다. PGA 챔피언십에 초청 선수로 출전한 46세 마이클 블록이 그 주인공이다. 마이클은 PGA 소속 프로 선수가 아니라 마을에서 주로 아이들을 가르치는 티칭 프로인데 이번 대회에 초청 선수 자격으로 출전했다. 사실 경기가 시작된 1라운드에 무명의 선수에게 관심을 준 사람은 없었다. 수많은 갤러리 중 가족과 소수의 지인들이 응원했을 뿐이다. 하지만 마지막 라운드에서 마이클 블록은 완전히 다른 사람이 되었다. 클럽 프로 초청 선수로는 역대 최고 성적인 15위를 기록했고 15번 홀에서는 홀인원을 기록하기도 했다. 모든 갤러리가 마이클을 응원했다. 경기 후 마이클이 인터뷰에서 한 말이다. "이번 주는 정말 꿈만 같았어요. 이런 일이 일어날 거라고는 상상도 못했습니다. 앞으로 제 인생도 좀 바뀔 것 같은데 아마 좋은 방향이지 않을까 싶네요." 한 시간에 레슨비 150달러를 받던 선수가 PGA 챔피언십으로 자신의 시급 2천 배가 넘는 4억을 상금으로 받았다. 오픈은 우리 주변에 상상하지 못한 것들을 가능하게 한다. 마이클이 경기에 사용한 공에 이런 문구가 새겨져 있었다. "Why Not?"

오픈은 성장이다

오픈소스가 언제 처음 생겼는지 정확한 시점은 알 수 없지만 본격적으로 발전하기 시작한 때는 인터넷이 확산된 1980년대로 볼 수 있다. 이후 1991년에 첫 번째 리눅스 오픈소스가 발표되었고 코로나가 한창이던 2021년 30주년을 맞이했다. 당시 미국 서부 나파 밸리에서 축하파티를 가졌고 리눅스를 처음 만들어 오픈했던 리누스 토발즈도 참석하여 그간의 감회를 나눴다. 30주년 기념식은 조촐했다. 하지만 리눅스가 오픈소스 세상에 미친 영향력은 상상 이상이며 현재는 오픈소스가 소프트웨어뿐만 아니라 하드웨어, 반도체, 인공지능, 데이터 등 광범위한 분야에서 활용되고 있다. 시간이 갈수록 오픈소스의 역할과 중요도는 더욱 커지고 있다. 오픈소스 글로벌 최대 단체인 리눅스 재단

Linux Foundation의 보고서에 따르면 2002년 리눅스를 포함하여 2개로 시작한 오픈소스 프로젝트가 최근 1000개를 넘어서며 상승세는 더욱 가팔라지고 있다. 과거의 오픈소스 발전을 비춰볼 때 앞으로도 지속 발전하며 영향력이 더욱 커질 것은 자명하다.

오픈은 혁신이다

구글 인사 책임자 라즐로 복의 『구글의 아침은 자유가 시작된다』에서 세계 최대 기업의 성장에 기본이 되는 인사제도와 조직문화에 대해 설명한다. 그중 하나가 '정보 공유를 두려워하지 말라'이다. 구글은 소프트웨어 기업이고 소프트웨어의 가장 혁신적 방법은 오픈소스다. 오픈소스에서 자주 듣는 말이 '공개성 원칙default to open'이다. 구글의 오픈소스를 이끌던 크리스 디보나는 이를 다음과 같이 정의한다.

> "모든 정보를 '공유될 수 없다'가 아니라 '공유될 수 있다'고 가정해보라. 정보를 제한하는 것은 의식적인 노력이 필요하며 거기에는 마땅히 그래야만 하는 이유가 전제되어야 한다. 오픈소스에서는 정보를 숨기는 것 자체가 반문화적이다."

기업은 기술을 오픈하면서 외부와 소통하고 이를 통해 부족한 부분을 보완하고 틀린 곳을 수정하고 보강하며 기업의 혁신을 만들어 간다. 구글은 전 세계 오픈소스 선두 기업이며 그것이 많은 이들로 하여금 구글을 혁신적인 기업으로 인식하게 만든 이유다.

오픈은 트렌드다

기술 발전에 사람들의 인식이 따라가지 못하는 현상을 '문화지체현상'이라고 한다. 대표적 사례가 스마트폰이다. 이제는 스마트폰을 사용하지 않는 사람을 찾아보기 힘들다. 스마트폰을 오장육부에 추가해야 한다는 말까지 나올 정도로 없어서는 안 될 삶의 일부가 되었다. 하지만 스마트폰을 사용하는 문화는 어떠한가. 걸어다닐 때나 운전할 때 가장 위험한 존재가 스몸비다. 스몸비는 스마트폰과 좀비의 합성어로 스마트폰을 보며 다니는 사람을 이른다. 스몸비는 주변 사람을 전혀 고려하지 않는다. 공공장소에서 시도 때도 없이 울리는 스마트폰 알람은 어떠한가. 삶에 필수로 자리 잡은 스마트폰에 합당한 문화가 갖추어지지 않은 것이다. 과거에 오픈이 그랬다. '그냥 사용해도 된다는데 진짜인가?' '에이 뭐가 있는 거 아냐?' '내가 기여한 게 아무것도 없는데 사용하는 게 염치없는 거 아닌가?' 이외에도 오픈을 사용하고 참여하는 데 문화적 거리감이 있었다. 하지만 지금은 그렇지 않다. 누구나 쉽게 사용하고 참여하며 자신의 것을 오픈한다. 오픈을 수용하는 것을 넘어 적극적으로 주도하는 문화가 각광받는 시대에 우리는 살고 있다.

오픈은 비싸다

오픈이라고 하면 가장 많이 하는 말이 "그거 공짜야?"이다. 모든 오픈에 적용하는 것은 무리이겠지만 대표적인 오픈소스를 보면 소스는 공짜가 맞다. 하지만 그 소스로 어떻게 소프트웨어를 만드느냐에 따라 새로운 가격이 매겨진다. 2018년 마이크로소프트는 깃허브Github를 8조 원에 인수했다. 깃허브는 개발자들이 공동으로 코드를 개발할 수 있게 하는 오픈소스 서비스로 리눅스를 만든 리누스 토발즈가 처음 고안한 깃Git이라는 오픈소스 기술을 기반으로 한다. 무료로 오픈한 깃을 사용해서 개발한 깃허브로 8조 원이라는 막대한 수익을 얻었다. 이듬해인 2019년 IBM은 레드햇을 40조 원가량에 인수했다. 아이러니하게도 레드햇은 리눅스가 무료로 공개한 리눅스 소프트웨어를 기업형으로 판매하고 기술 지원하는 기업이다. 2022년 말 챗GPT가 세상에 등장한 후 AI 관련 기업들의 오픈소스 기업 M&A가 늘고 있다. AI 시대 각광받는 기업 중 하나가 AI 처리용 반도체를 생산하는 엔비디아다. 현재 시장 점유율이 80%가 넘고 있다. 엔비디아와 경쟁하는 대표 기업은 AMD다. 2023년 AMD는 엔비디아를 따라잡기 위해 오픈소스 AI 소프트웨어 스타트업인 Nod.AI를 인수한다고 발표했다. 앞으로 AI 분야에서의 오픈소스 M&A는 더욱 활발하게 진행될 것으로 전망하고 있다. 오픈소스 소프트웨어는 무료다. 하지만 오픈소스를 이용해서 성능을 높이고 차별화된 기술을 추가하여 판매하는 소프트웨어는 비싸게 팔리고 있다.

오픈은 이미지다

왠지 모르게 오픈은 좋은 이미지를 준다. 뭔지 모르지만 유연하고 수평적이며 적대적이지 않다. 사실 실질적으로 무엇을 얼마나 오픈했는지는 관심 없는 경우도 적지 않다. 직관적으로 오픈이라는 이름은 기업과 기술에 대한 소비자의 수용력을 높이는 효과가 있다. 그렇기에 많은 기업이 오픈소스, 오픈 테크놀로지, 오픈 이노베이션 등 다양한 이름으로 '오픈'을 붙인 조직을 운영하며 기업 활동을 적극 홍보한다. 사실 면밀히 살펴보면 실제로 오픈하는 것들이 많지 않은 기업도 상당수다. 하지만 모든 기업들은 한목소리로 외친다. "우리는 오픈을 중요하게 생각합니다." 그것이 기업 이미지에 도움이 된다고 생각하기 때문이다. 오픈을 얼마나 많이 하느냐 적게 하느냐는 중요하지 않다. '오픈'이 대중에게 주는 매력이 있고 그 매력도는 오픈이 붙은 몇 명의 성공 사례를 통해 더욱 커지고 있으므로 기술 분야뿐만 아니라 다양한 영역에서 오픈을 붙이지 않을 이유는 없다.

오픈은 명분이다

기업은 살아남기 위해 필요에 따라 합종연횡을 한다. 사실 서로 사이가 좋아서 뭉치는 건 아니다. 내가 독식할 수 있고 다 가질 수 있다면 최고이겠지만 그렇지 않은 경우 취할 수 있는 차선책은 다른 기업과 힘을 합쳐 독식하는 경쟁자를 상대하는 것이다. 생존을 위한 기업들의 연합은 이전에도 있었다. 연합을 주도하는 기업은 함께하면 도움될 만한 기업을 일일이 찾아 다니고 설득한 후 서로 약속을 하는 형식(예: 비밀유지계약서 또는 상호협정서)으로 팀을 구성하는 것이 과거 방식이었다. 지금은 '오픈'이라는 이름하에 관련 기업들이 모인다. 오픈이기에 누구나 참여할 수 있다. 그렇다고 참여한 기업이 모두 똑같은 역할을 하거나 중요성을 갖는 것은 아니다. 하지만 과거에 비해 오픈이라는 이름은 다른 기업의 참여를 훨씬 수월하게 한다. 물론 오픈으로 원팀을 만든다고 반드시 성공하는 것은 아니다. 하지만 최소한 독식하는 경쟁자를 오픈에 반하는 반사회적이고 반시장적이라는 억울한 누명을 씌우는 효과는 기대할 수 있다. 크리스 앤더슨은 『프리: 공짜경제가 불러올 혁명적 미래』에서 대체효과를 설명한다. "어떤 자원이 희소해져서 점점 비싸지면 그것이 풍부한 대체자원을 찾아 낼 인센티브로 작용하여 희소한 자원에 대한 수요가 줄어들게 하는 효과다." 시장에서 독점적 위치에 있는 기업을 대체하기 위해 나머지 기업들은 '오픈'이라는 당위성과 명분을 내세운다.

오픈은 중독이다

유튜브는 누구에게나 오픈되어 있는 대표적인 무료 서비스다. 2005년 처음 출시된 후 벌써 20년 가까이 되었고 최근에는 TV보다 더 많은 사람이 유튜브를 본다. 하지만 유튜브에도 유료 서비스가 있는데 바로 유튜브 프리미엄이다. 유튜브를 무료로 사용하면 동영상을 보는 중간에 광고가 들어간다. 길어야 30초 정도이지만 이미 프리미엄 서비스에 익숙해져 되돌릴 수 없는 상태가 됐다. 처음엔 무료였지만 이후 몇 천 원을 지불하던 것이 이젠 15000원 가까이 내고 있다. 오픈은 새로운 무언가를 시장에 출시할 때 '맛보기'용으로 사용되고 있다. 오픈된 것을 맛보기 전에 한 번 더 심사숙고해야 나중에 낭패를 보지 않을 수 있다. 하지만 오픈의 유혹을 피하기는 여간 어려운 게 아니다. 스마트한 소비자는 보통 이렇게 생각한다. "지금은 무료이니까 조금 사용하다가 돈을 내라고 하면 그때 그만 사용하면 되지." 오픈은 이 부분을 파고든다. 영화에 등장하는 조폭 대사처럼 "들어올 때는 맘대로 들어왔어도 나갈 때는 맘대로 못 나가"는 상태가 된다. 무료로 오픈하는 모든 것은 많은 돈과 시간을 투자하여 만든 것들이다. 즉 무료로 오픈하는 것 중에 무료로 만든 것은 세상에 단 하나도 없다. 그렇기에 오픈은 두 걸음 전진하기 위해 한 걸음 후퇴하는 전략이다. 유튜브 프리미엄 가격은 나라마다 다르다. 몇 천 원에서부터 우리나라보다 더 비싼 나라도 있다. 오픈에 중독된 정도에 따라 유튜브는 빠져나가지 못할 수준에서 가격을 전략적으로 책정한다. 특히 다른 나라들은 프리미엄 가족 공유 멤버십도 있다. 하나의 멤버십으로 가족이 함께 프리미엄 서비스를 사용하는 것이다. 하지만 우리나라는 가족 공유를 제공하지 않는다. 네 가족이 프리미엄 서비스를 사용한다면 매달 6만 원가량 지출해야 한다. 대한민국은 이미 유튜브에 중독된 나라라는 것을 반증하는 정책이다. "잡은 물고기에는 먹이를 주지 않는다"는 말처럼 대한민국은 유튜브에 붙잡힌 물고기 신세다. 지금도 우리 주변에 수많은 오픈들이 우리를 중독시키기 위해 "공짜이니까 한번 맛보시고 써 보기만 하세요"라고 외치고 있다.

오픈은 수직적이다

'오픈 에코시스템'은 기업이 시장을 확대하는 전략으로 자주 등장한다. 오픈 에코시스템은 기업이 기술을 오픈하고 외부의 참여를 최대한 늘려가며 자신만의 생태계를 구축하려는 데 그 목적이 있다. 생태계는 구축하기가 힘들지만 일단 구축되고 나면 자생적으로 성장하며 쉽게 죽지 않는 특징을 가지므로 기업은 안정적이고 지속 가능한 수익을 기대할 수 있다. 마치 자연 생태계와 같아서 그 속에는 수직적 먹이사슬이 반드시 존재한다. 오픈 에코시스템과 비슷한 의미로 '오픈 플랫폼'이라는 표현도 있는데 내부의 수직적 특징은 동일하다. 오픈소스 소프트웨어에서는 소수의 책임자가 대다수 개발자의 코드를 심사하고 판단한다. 앱스토어에서는 특정 회사가 모든 앱을 심사하고 결정한다. 오픈마켓도 마찬가지다. 오픈은 모두에게 평등$_{equality}$하지만 공평$_{equity}$하지는 않다.

오픈은 무책임하다

오픈의 공통점은 오픈된 소스를 사용함에 있어서 발생하는 책임은 전적으로 사용자에게 있다는 사실이다. 즉 소스를 공짜로 오픈한 사람에게는 아무런 책임이 없다. 이와 같은 특성으로 오픈한 것에 문제가 발생했을 경우 책임 소재를 다투는 경우가 종종 있다. 오픈한 사람이 책임감을 갖고 운영해야 한다는 요구도 있다. 하지만 공짜로 오픈하면서 책임까지 요구하는 건 공평하지 않다. 오픈에 대한 책임은 참여하는 모든 사람에게 있다고 해야 맞다. 그래서 오픈에서 참여자의 윤리와 책임 의식이 요즘 더욱 강조되고 있다. 또한 오픈의 힘과 영향력이 커지면서 오픈하는 사람이 악의를 가지고 오픈하는 경우도 많다. 오픈표준과 오픈소스에서도 공짜로 오픈한 기술들을 기업이 사용한 이후 자신의 특허나 저작권을 요구하며 이익을 챙기는 사례도 많다. 유튜브나 블로그에 오픈된 정보만 믿고 찾아간 여행지나 맛

집에서 낭패를 보는 경우도 주변에서 많이 본다. 오픈은 공짜이기에 모든 책임은 사용자, 즉 당신에게 있음을 반드시 기억해야 한다.

2
오픈에는 저마다의 이유가 있다

오픈의 의미가 복잡해지고 속성과 특징이 많아지는 건 그만큼 오픈을 하는 목적이 다양하고 사용하는 분야가 넓기 때문이다. 살면서 이유를 알 수 없이 마주치는 일들도 분명히 있다. 이유를 알 수 없다는 건 '그 일을 한 사람'의 의도를 알 수 없어서인 경우가 많다. 왜 그랬는지 이유조차 모르고 벌어지는 일은 수도 없이 많다. 이유 없이 당할 때 우리는 불안하다. 그에 비해 오픈은 전혀 다르다. 이유 없는 오픈은 없다. 누군가 오픈을 한다는 건 자신이 가진 '그 무언가'를 다른 사람에게 어떤 목적으로 하는 것이다. 설령 그 목적이 불순하더라도 오픈은 반드시 목적을 가진다. 릭 워렌의 『목적이 이끄는 삶』에서 우리가 삶의 목적을 찾기 위해 노력해야 함을 강조한 것도 같은 이유다. 목적 없는 삶이 없듯이 목적 없는 오픈도 없다. '목적 없는 오픈'은 실수이거나 잠시 목적을 잊은 정도라고 보는 게 맞을 듯하다. 목적이 분명하지 않은 오픈도 우리 주변에서 자주 볼 수 있는데 이런 것들은 결국 오래지 않아 우리 곁에서 사라진다. 오픈의 명확한 목적은 성장과 성공으로 직결된다. 특히 기업의 오픈은 전적으로 생존을 위한 불가피한 선택이다. 따라서 기업이 오픈하는 이유는 들여다볼 필요가 있다.

내가 당신
편입니다

'열 길 물속은 알아도 한 길 사람 속은 모른다'는 말이 있다. 사람을 믿어야 하지만 어디까지 믿어야 할지 고민스러울 때가 종종 있다. 겉모습만 보고 판단했다가 낭패를 보는 경우도 있고, 첫인상은 별로였지만 만날수록 좋아지는 사람도 있다. '오픈'이라는 말은 왠지 선의적이고 호의적이며 나에게 해를 끼치지 않을 것 같은 막연한 느낌을 준다. 오픈을 하는 이유이기도 하다.

최근 생성형 AI 기술이 우리 삶의 모습도 바꾸고 있다. 실시간으로 외국어를 번역해주고, 몇 번의 질문으로 그림을 그리고 문서를 만든다. 영어로 작성된 수백 장이 넘는 문서를 한 페이지로 요약하고 여행 일정을 알아서 추천한다. 컴퓨터가 탄생했을 때와 같은 경험이며 스마트폰이 출시되었을 때와 같은 경이로움이다. 앞으로 우리 삶을 어디까지 바꿀지 두렵기도 하다. 이런 변화의 시작은 오픈AI에서 발표한 챗GPT 때문이다. 그렇다면 다른 기업들은 챗GPT와 같은 기술을 개발하지 않을까? 그렇지 않다. 우리가 잘 알고 있는 메타, 마이크로소프트, 애플 등 글로벌 기업은 생성형 AI 연구에 많은 투자를 하고 있다. 하지만 시장에서 챗GPT에게 이미 선두자리를 빼앗겼다. 챗GPT가 시장을 선점하고 후속으로 나오는 기술들은 대중에게 챗GPT와 비슷하거나 따라한 기술로 저평가될 우려가 있다. 설령 챗GPT보다 좋은 성능이라고 해도 이미 사람들에게는 '챗GPT의 첫경험'이 각인되어 있는 인식을 바꾸는 건 매우 어렵다. 그렇다면 경쟁 기업들은 어떻게 해야 할까?

오픈에서 돌파구를 찾을 수 있다. 오픈을 통해 자신의 기술이 챗GPT보다 더 좋다는 이미지를 대중에게 어필해야 한다. 이제부터는 기술의 싸움을 넘어 마케팅 싸움이다. 후발주자가 선발주자보다 기술이 더 뛰어남을 강조해도 결국 후발이다. 이제 경쟁의 관점을 기술 중심이 아닌 이미지 중심으로 가야 한다.

챗GPT가 세상에 발표된 건 2022년 11월이다. 몇 개월 후 메타에서 '라마$_{\text{LLaMa}}$'를 발표했다. 메타의 CEO 마크 저커버그가 라마를 발표하면서 강조한 부분은 오픈소스다. "메타는 새로운 모델을 오픈소스로 공개하여 전 세계 모든 AI 연구자들이 사용할 수 있도록 한다"라는 취지다. 특히 기존의 선두주자인 챗GPT와 차별화로 'AI에 모든 사람들이 접근할 수 있는 민주화'를 강조했다. 이후 2023년 하반기 애플이 생성형 AI '패럿$_{\text{Ferret}}$'을 발표했는데 역시 오픈소스였다. 금년 4월 온디바이스 AI를 위한 소형언어모델 '오픈EML$_{\text{Open Efficient Language Model}}$'을 오픈소스로 발표했고 최근 7월 'DCLM$_{\text{DataComp for Language Models}}$'도 오픈소스로 발표했다. 사실 애플은 오픈소스를 많이 발표하지 않는 기업으로 잘 알려져 있지만 AI에서는 이미 선두자리를 빼앗겼기 때문에 다른 방법이 없었던 것 같다. 물론 구글은 오픈소스에 대표적인 기업이기에 자신의 AI 기술을 오픈소스로 적극 공개하고 있다. 하지만 최근 AI에서의 오픈소스들은 눈여겨볼 공통점이 있는데 바로 순수한 목적의 오픈소스가 아니라는 것이다. 오픈소스의 투명성을 내세워 규제를 회피하거나 자신들의 기술을 홍보하는 용도로 활용하고 있고 결국 상업적인 목적을 가지고 있다. 메타가 오픈한 라마도 마찬가지다. 오픈소스로 공개했지만 라이선스에는 "하루 사용자 수가 7억 명 이상인 기업이 상업적으로 사용할 경우 메타와 별도로 라이선스 계약을 해야 한다"는 조건이 있다. 이는 우리가 익히 알고 있는 오픈소스와는 완전히 다르다. 애플이 오픈소스라고 내놓은 기술 역시 상업적 사용에는 한계가 있다. 결국 개발자들 사이에선 오픈소스 라는 용어를 사용하지 말라는 주장이 높아지고 있다.

  오픈은 기술에 익숙하지 않은 일반 대중에게 '양의 탈을 쓴 늑대'와 같을 수 있다. 물론 모든 오픈이 그런 것은 아니다. 하지만 생각해봐야 할 지점은 만약 경쟁사들이 챗GPT보다 먼저 생성형 AI 기술을 발표했더라도 오픈소스를 강조했을까 하는 점이다. 그리고 민주적으로 모두에게 공평해야 한다는 박애주의 원칙을 강조했을지 생각해볼 일이다.

  AI만 그런 것은 아니다. 애플이 아이폰을 세상에 처음으로 출시하고 독주할 때 구글이 안드로이드라는 오픈소스로 대응했다. 안드로이드는 우리가 잘 알고 있는 삼성 갤럭시 스마트폰의 모바일 운영체제다. 구글이 안드로이드를 개발하기 위해 얼마나 많은 자본과 인력을 투자했을지 상상할 수 없다. 그렇게 만든 결과물을 아무런 대가 없이 남들에게 줄 이유는 만무하다. 다른 형태의 사업으로 안드로이드는 매우 비싸다. 독주하는 기술의 대항마로 오픈소스를 내세우는 사례는 이외에도 오픈소스 반도체, 오픈소스 지도 등 수없이 많다. 오픈의 이유는 경쟁자와 맞서기 위해 나와 같은 편을 만드는 데 있다.

이러다가는
다 죽어!

전 세계 신드롬을 일으킨 넷플릭스 오리지널 〈오징어 게임〉. 수백 억 상금을 놓고 한 사람만 살아남는 생존게임. 서로가 서로를 의심하고 죽여야 하는 게임에서 한 노인이 절규하며 외친 말이다. 결국 대사처럼 그러다가 모두 다 죽고 한 사람만 살아남았다. 〈오징어 게임〉에는 오픈은 없었다. 아니 절대로 자신의 계획과 전략을 남에게 알려서도 들켜서도 안 된다. 그래야만 살아남을 수 있다. 철저한 '숨김'만이 생존 방법이다. 만약 〈오징어 게임〉에서 자신만 생각하지 않고 서로서로 생각을 오픈하고 협력했다면 결과는 달랐을까.

"배워서 남 주냐"라는 말을 자주 들었다. 내가 잘 살기 위해 그리고 남을 이기기 위해 더 많이 배워야 한다는 의미다. 나 혼자만 할 수 있는 것, 소위 '필살기'가 있다면 성공 가능성은 높아진다. 여기서 성공이라는 말은 높은 수익을 얻는 것이라고 해야 맞겠다. 다른 사람은 못하고 오직 나만이 할 수 있는 것, 그것은 절대로 오픈되지 않게 숨겨야 한다. 대표적인 사례가 코카콜라다. 지금도 코카콜라 제조법은 극소수만 알고 있다고 전해지고 있고 비법은 안전한 곳에 철저히 비밀로 관리되고 있다고 한다. 매년 발표하는 전 세계 기업 브랜드 가치에 수십년간 코카콜라는 최상위권에 있다. 앞으로도 코카콜라는 제조법을 절대로 오픈하지 않을 것이다. 아니 오픈할 이유가 없다. 과거에 기술 분야도 비슷했다. 아무도 모르게 연구하여 개발하고 관련 기술을 모두 특허로 출원하여 독점권을 확보했다. 철저하게 숨기는 전략으로 수익을 만들었다. 특허 기술을 사용하고 싶은 기업은 높은 특허료를 지불하고 사용하는 것밖에는 다른 방법이 없었다. 지금의 MZ 세대는 잘 모르는 과거 유산이지만 소니의 워크맨WALKMAN이 그랬고 모토로라의 스타텍StarTAC도 독자적으로 개발하여 시장을 지배했던 대표적인 제품이다. 철저히 자신의 기술을 숨기고 아무도 모르게 제품을 개발하여 시장에 발표했다.

 그러나 지금은 어떠한가. 세계 브랜드 가치 상위권의 상당수가 인터넷 기업들이다. 누구나 사용하는 오픈된 인터넷에서 막대한 수익을 창출한다는 말이다. 삼성과 애플의 모든 제품은 인터넷에 연결된다. 마이크로소프트 수익의 대부분은 클라우드에서 나오고 있고 인터넷은 필수다. 메타의 서비스도 아마존의 서비스도 인터넷이 필수다. 결과적으로 인터넷이 빠르고 안정적으로 연결되지 않는다면 기업 수익에 치명적이다. 이제 더 이상 혼자만 잘한다고 성공하는 시대가 아니라 인터넷이라는 공동의 오픈 생태계를 위해 함께 투자하고 노력해야 하는 사업 환경이다. 인터넷 연결에 필수인 기술들은 IETFInternet Engineering Task Force와 W3CWorld Wide Web Consortium 기술 단체 두 곳에서 주로 개발하는데 이들 모두 무상으로 기술을 오픈한다. 인터넷은 Inter Networking 즉 '서로서로 연결한다'라는 의미로 연결을 위해 반드시 지켜야 하는 기술적 약속(기술표준)을 두 단체에서 정의한다. 간단한 예를 들면 우리가 이메일을 보낼 때 test@open.com이라는 형태를 반드시 따른다. 많은 사람들이 '골뱅이'라고 하는 @ 표기 앞에는 '받는 사람의 이름'을 적고 @ 뒤에는 '받는 주소'를 적어야 하며 이는 IETF에서 정한 기술표준이다. 만약 누군가 골뱅이 모양이 맘에 들지 않아 다른 것을 쓴다면 인터넷에서 사람들과 이메일을 주고받을 수 없다. 골뱅이 모양이 예뻐서가 아니라 인터넷의 정해진 약속이다. 네이버나 구글을 사용할 때도 월드와이드웹 약자인 www를 앞에 붙이고 웹페이지의 주소를 넣는다. www.google.com 또는 www.naver.com 처럼 말이다. 주소 앞에 www를 붙이는 것도 W3C에서 약속한 표준기술이지 특별한 의미는 없다. www가 맘에 안 들어 xxx를 사용한다면 인터넷에 연결할 수 없다. 이와 같이 오픈되어 있는 기술표준을 '오픈표준Open Standard'이라고 한다. 인터넷 초기에는 표준기술들과 관련하여 특허나 로열티를 주장하는 사례가 발생하기도 했다. 그렇게 되면 해당 기술은 모두가 사용할 수 없기에 인터넷 연결에 방해 요소로 작용했다. 이후 인터넷은 공공재와 같이 인식되면서 특허 공격이나 로열티 주장은 사라졌고 현재는 관련 기술을 오픈하며 함께 키워가고 있다. 모두가 함께 살기 위해 불가피한 오픈이고 약속인 것이다. 더 나아가 인터넷의 확대에 필요한 기술 중 특허가 있는 기술의 경우 해당 특허권을 사서 인터넷에 다시 무상으로 오픈하는 사례도 생겨나고 있다. 돈 주고 기술을 사서 무료로 인터넷에 제공하는 것이다. 구글은 모든 사업을 인터넷을 통해서 한다. 인터넷을 사용하는 소비자가 더 편하게 그리고 더 많이 사용해야 구글의 수익도 늘어난다. 최근 인터넷에는 동영상이 많은 부분을 차지한다. 예전에는 구글에서 블로그를 보다가 그 속에 동영상이 플레이가 안 되는 경우 "해당 영상을 재생할 수 없습니다"라는 에러 메시지가 표시됐다. 영상을 재생하기 위한 기술을 구글이 아닌 다른 회사가 가지고 있고 특허도 보유하고 있었기 때문에 블로그에서 사용할 수 없었던 것이다. 결국 소비자들이 구글 인터넷을 사용하는 데 방해 요소가 되자 이를 해결하기 위해 구글은 해당 기술의 특허권을 약 5억 달러에 사서 다시 인터넷에 오픈소스로 무료 적용하여 방해 요소를 해결했다. 기업은 살아남기 위해 오픈한다. 오픈의 이유는 더 많은 수익을 위해 시장 파이를 키우는 데 있기 때문이다.

'프로 이직러' 등장

세계 최고의 경영자들이 한결같이 강조하던 말은 '인재제일'이다. 회사에서 가장 중요한 건 사람이라는 말이다. 그 외에도 인재의 중요성을 강조한 말을 우린 수도 없이 듣는다. 특히 기업은 자신들이 하는 일에 꼭 필요한 사람을 채용하고자 무던히 노력한다. 기업이 채용을 전담으로 하는 조직을 운영하는 이유다. 특히 기술을 연구하는 조직에서의 인재 확보는 기업 생존에 필수다. 뉴스에서 국내 기업의 핵심 기술이 유출되었다는 기사를 종종 듣게 되는데 그 이면에는 핵심 기술을 유출한 사람이 반드시 있다. 경쟁기업에서는 핵심 인력을 빼내기 위해 높은 금액의 연봉을 제시하기도 하고 다른 형태의 이익을 제안하기도 한다. 전 세계 수많은 채용 전문가들은 지금도 링크드인과 같은 온라인 플랫폼이나 학회 같은 다양한 기술 모임을 누비며 필요한 인재를 찾고 있다. 하지만 전 세계 수많은 사람들 중 기업이 원하는 분야에 적합한 인재를 찾는 건 백사장에서 바늘을 찾는 것과 같다. 그래서 기업은 자신의 기술 분야를 여러 방법으로 외부에 알린다. 대표적인 노력은 광고다. 인재들이 많이 참석하는 행사에 별도 채용 부스를 마련하기도 하고, 기업의 채용팀이 직접 전 세계 주요 대학들을 찾아 다니며 채용 설명회를 하는 경우도 많다.

    기업들은 기술블로그를 운영하며 빠르게 변하는 소프트웨어 기술을 외부에 알리고 소통하기 위해 노력한다. 10년 전만 해도 국내 몇 안 되던 기술블로그는 매년 증가하여 현재는 수백 개가 넘는다. 기업의 인재 확보에 대한 고민은 기업이 필요할 때 찾는다고 딱 맞는 인재가 나타나지 않는다는 데 있다. 특히 요즘처럼 잦은 이직과 빠른 퇴사가 일반화되면서 기술블로그를 통해 외부 인재들과 꾸준히 소통하는 노력은 채용에 효과적이다. 외부 인재들이 기업에서 어떤 기술을 다루는지 정확히 알아야 그 일에 꼭 맞는 맞춤 채용이 가능하기 때문이다. 평생 직장이란 개념은 점점 더 희미해지고 있다. 나를 알아주고 더 좋은 경험을 할 수 있는 곳이라면 언제든 옮기는 것이 지금의 직장 문화다. SNS가 일상화된 요즘은 자기 홍보 시대다. 우수한 인재일수록 자신이 하고 있는 일을 외부에 오픈하려는 열망이 강하다. 자신이 얼마나 가치 있는 일을 하고 있는지 남이 알아주기 바란다. 그렇기에 기업들은 '열린 문화' '수평 조직' 같은 기성과 다른 일하는 문화를 만들기 위해 노력하고 그 중심에 오픈이 자리 잡고 있다. 회사 입장에서는 오픈으로 자칫 우수한 인재를 다른 회사에 빼앗길까 우려도 있지만 그러한 생각은 기우에 가깝다. 만약 회사가 오픈을 금지한다면 인재들은 수긍하고 그 조직에 남아 있을까? 어찌 보면 더 빨리 탈출할 기회를 찾게 될 것이다. 더욱이 오픈을 막는 폐쇄적인 조직문화는 우수한 인재

채용에 역풍을 초래할 수 있다. 기업은 새롭게 일하는 방식, 즉 '열린 조직문화'를 만들고 적극적으로 오픈해야만 살아남을 수 있다.

'평생직장'이 사라지면서 '상시채용'으로 채용 방식이 변화하고 있다. '프로이직러'가 이제는 조직에 적응 못한 자들의 회피가 아니라 인재의 적극적인 선택과 능력으로 인식되고 있다. 오픈은 외부 인재를 확보하기 위한 방법이기도 하지만 동시에 내부 인재를 더 성장시키는 전략이기도 하다.

마트의
시식 코너

대형마트를 찾을 때 알뜰한 주부는 구매 목록을 적어서 간다. 나는 그와 반대인데 아무 생각 없이 아내를 따라갔다가 계획에도 없는 것들을 구매하는 경우다. 특히 시식 코너가 가장 위험한 공간이다. 친절한 판매원들이 구매하지 않아도 되니 맛만 보고 가라면서 새로 나온 메뉴를 이것저것 준다. 사실 맛보기용으로 주는 것을 먹는다고 꼭 사야 하는 것은 아니어서 편하게 맛을 본다. 그러면서 속으로 '절대로 사지 않을 거야'라고 다짐하지만 집에 돌아와서 보면 장바구니에 그때 맛본 것들이 들어 있는 경우가 많다.

2018년 구글은 기존에 무료로 제공하던 지도 서비스 구글맵Google Map을 유료로 전환한다고 발표했다.[1] 스마트폰 사용자가 늘어나면서

---

[1] 개발자들이 구글맵 AI를 사용하여 서비스를 만들 때 유료로 전환된 것이며 일반 사용자가 스마트폰에서 사용하는 것은 아직은 무료다.

많은 앱이 구글맵을 이용하여 서비스한다. 배달 앱에서도 해당 음식점이 어디에 있는지를 구글맵에 표시해준다. 대중교통이나 택시를 이용하는 앱도 차량이 어디에 있는지를 구글맵 위에 표시해주니 사용자는 편하고 유익하다. 맛집을 소개하는 사이트도 구글맵에 해당 맛집을 표기하는 것이 단순히 맛집을 목록으로 보여주는 것보다 훨씬 좋다. 그동안 구글맵은 무료로 제공했기에 전 세계 수많은 앱과 서비스에서 광범위하게 활용했다. 그렇기에 유료 전환 소식에 관련 업계는 당황하지 않을 수 없었다. 이제 구글맵을 사용하던 사용자들은 두 가지 선택이 있다. 하나는 유료로 비용을 지불하고 사용하거나 아니면 다른 지도 서비스로 전환하는 것이다. 전환하고자 하는 서비스가 무료이고 구글맵 정도의 품질이면 다행이다. 하지만 구글이 무료에서 유료로 전환하기까지 시장에 구글맵을 무료로 대처할 만큼의 서비스들이 있는지 없는지를 미리 파악하지 않았을 리 없다. 결국 상당수 사용자는 울며 겨자 먹기 식으로 구글맵의 유료 서비스로 전환을 하게 될 것이다. 최근 지도 서비스의 후발업체들이 연합하여 '오픈맵협회 Overture Map Foundation'를 세우고 오픈스트리트맵 오픈소스 프로젝트를 공개했다. 이미 구글맵에 익숙한 소비자의 입맛을 빼앗을 수 있을지 지켜볼 일이다.

『지식을 공유하라』에서 박서현 저자는 "PDF 형태로 되어 있는 논문의 경우 누군가 사용하더라도 다른 사람의 사용분이 감소하지 않으며 다른 사람의 사용을 배제할 수 없다"고 언급하며 "이런 의미에서 학술 지식은 '비배제성'과 '비감소성'을 특징으로 하는 경제학적 의미의 '공공재public goods' 성격을 가진다"라고 말한다. 소프트웨어는 현재 모든 산업 분야에 사용되는 공공재와 같다. 소프트웨어가 사용되는 모든 곳엔 오픈소스가 사용된다고 해도 과언이 아니다. 따라서 많은 소프트웨어 기업들이 '마트의 시식 코너' 전략으로 오픈소스를 이용한다. 우수한 품질로 기업이 꼭 필요로 하는 소프트웨어를 개발하여 오픈소스로 공개한다. 모든 것이 무료다. 오픈소스로 공개하면서 유료 라이선스를 적용하는 사례는 단 한 건도 없다. 개발자와 기업은 자신들이 원하는 소프트웨어가 무료로 공개되었으니 적극 활용하여 각자의 제품을 만든다. 그렇게 몇 년이 지난 후 갑자기 해당 오픈소스의 라이선스를 유료로 전환하는 것이다. 최근에는 이중 라이선스dual license 사례도 자주 등장한다. 처음에 무료 라이선스로 공개했다가 나중에 유료로 전환하는 사례와는 또 다르다. 말 그대로 오픈소스를 공개하면서 처음부터 두 개의 라이선스가 사용되는 것이다. 대표적인 사례로 무료와 유료 두 가지 정책을 모두 갖는 경우다. 이를테면 연구용으로 사용하고 상업적으로는 사용하지 않는 경우에 한해 무료이고, 상업적 목적으로 사용하게 될 경우에는 유료가 적용되는 것이다. 무료로 사용자를 확보하여 기술을 홍보하고 필요성이 입증되면 이후에 유료로 전환하는 판매 전략으로 오픈을 이용한다.

   소프트웨어 분야에 오픈소스가 증가하는 이유와도 연관되어 있다. 하지만 무료에서 유료로 전환하는 사례는 소프트웨어 분야에만 한정된 것은 아니다. 우리 주변에 많은 부분, 예를 들면 무료로 오픈하여 진행하던 운동이나 요리 교실이 어느 정도 시간이 지나면 유료로 전환되는 사례, 스마트폰 개통 시 무료로 사용하던 서비스들이 갑자기 유료로 전환되는 사례는 우리 삶 주변에도 무수히 많다. 모든 사례에는 공통점이 있다. 자신이 애써 만든 결과물을 어떻게 사업화할 것인가를 고민하면서 처음에 '오픈'이라는 방법을 활용해 사용자를 끌어들이고 이후에 속셈을 드러내는 전략이다. 소비자 입장에서도 처음부터 유료 사용을 강제하는 것이 아니므로 불평할 이유는 없다. 처음에 무료로 사용할 때는 유료 전환 시 즉시 탈퇴할 확고한 계획으로 시작한다. 하지만 오픈을 하는 쪽에서는 이미 그것까지 고려하여 오픈한다는 것을 명심해야 한다. 오픈의 이유는 하나를 주고 열을 얻기 위한 고도의 작전이다.

날 바라보는 널
바라보며 성장한다

동독을 배경으로 한 영화 〈타인의 삶〉에서 주인공 비즐러는 동독의 유명한 극작가인 드라이만을 감시하는 비밀경찰 임무를 맡았다. 드라이만의 집에 도청 장치를 설치하고 일거수일투족 감시하면서 그에 대한 모든 것을 파악하게 된다. 드라이만이 집을 나가자 비즐러는 그의 집으로 들어가 그가 읽던 책을 훔쳐보고 그가 듣던 음악을 듣는다. 목적은 드라이만의 사상을 파악하기 위함이었지만 감시를 할수록 드라이만이 사상적으로 나쁜 사람이 아니라는 것을 알게 되고 자신이 하는 일에 점점 회의를 느끼게 된다. 결국 비즐러는 비밀경찰의 삶을 버리고 새로운 일을 하며 살다가 독일의 통일을 맞게 된다. 시간이 흐른 후 우편배달부로 살아가던 비즐러는 어느 서점 앞에서 드라이만의 신간을 보게 된다. 책을 펼치는 순간 "감사한 마음으로 HGW/XX7에게 이 책을 바칩니다"라는 글귀를 발견하게 되는데 이 코드는 바로 비즐러가 비밀경찰로 드라이만을 감시할 때 사용했던 코드명이다. 비즐러는 책을 가지고 계산대 앞으로 간다. "포장해 드릴까요?"라는 점원의 질문에 "아니요, 이 책은 나를 위한 겁니다"라고 비즐러는 답하며 영화는 막을 내린다. 감시라는 강제적 방법으로 드라이만의 모든 것은 비즐러에게 오픈되었고 그것은 타인의 삶에 긍정적인 영향을 미치게 되었다.

  우리는 서로를 바라보며 성장한다. 바라봄의 행위는 대상을 스캐닝scanning함으로써 자신과 대상 혹은 타인과 차이를 구별 지으려는 인간의 기본적 욕구다. 프랑스 정신분석학자 자크 라캉은 이러한 욕구를 '응시gaze'라고 정의한다. 응시란 아이가 처음으로 거울에 비친 자신의 모습을 보고 비로소 자신임을 깨닫게 되는 것을 의미하며 우리말의 '보다'와는 의미적으로 다르다. 응시에 해당하는 영어적 표현은 watch이며 불어로는 regarder라고 한다. 보다 즉 see나 voir의 의미는 나의 물리적이고 감각적인 시선이 대상에 닿는다는 것을 의미하지만, watch와 regarder는 내가 일차적으로 감각적으로 대상을 바라보며 이차적으로 그것을 내면에서 의식하거나 반성하는 활동까지를 포함한다. 특히 불어의 regarder는 '관계가 있다'라는 뜻도 가지고 있다. 자크 라캉이 말한 응시는 regarder에 해당하며 오픈의 성질과도 유사하다. 오로지 나에게만 머무는 시선은 오픈이 아니다. 오픈은 나를 바라보는 타인의 시선을 통해 나를 돌아보고 미처 내가 보지 못하는 부분을 볼 수 있는 기회가 된다. 타인의 시선을 의식하는 심리, 그리고 남들이 보고 있기에 더 잘하려고 노력하는 것이 궁극적으로 좋은 결과를 만들어낸다. 발전을 위한 '피그말리온 효과'라고 할 수 있다. 힘들지만 더 성장하기 위해 오픈하는 이유다.

『매일 아침 써봤니』의 저자 김민식 PD는 말한다. "인생이 괴로울 땐 인상을 쓰지 말고 글을 써야 한다." 인상을 쓰면 주름이 남고 글을 쓰면 글이 남는다고 한다. 김 PD는 글감이 떠오르면 우선 블로그에 미완성의 글을 가감 없이 쓴다고 한다. 블로그는 비공개로 설정하고 몇 주 또는 몇 달을 반복하여 수정하면서 어느 정도 글이 완성되면 대중이 볼 수 있도록 상태를 공개로 변경한다고 한다. 하지만 글솜씨가 늘면서 이제 블로그 상태를 가능한 한 공개로 하여 우선 모두에게 '오픈'하고 글쓰기 시작했다고 한다. 이유는 나의 글이 공개되어 있다고 생각하니 한 번 더 읽어 보게 되고 세심히 살피며 보완을 하게 된다는 것이다. 이것이 '오픈'의 유익이다. '오픈'은 나 혼자만 갖고 있는 유익과 가치를 다른 사람과 나눔으로써 그 가치를 더욱 풍성하게 한다. 특히 '오픈'은 내가 가진 미완성의 보잘 것 없는 '소스'를 완성시키고 가치 있게 만들어준다.

강원국 작가의 『강원국의 글쓰기』에서도 '남에게 보여주기'의 중요성에 대해 강조한다.

"많이 보여줄수록, 다양한 피드백을 받을수록 글은 좋아진다. 자신감이 없는 사람은 보여주는 것을 망설인다. 벌거벗은 생각과 감정을 내보이는 게 부끄럽고, 남의 평가가 두렵다. 눈치를 보면 절반은 진 것이고, 주눅이 들면 완패다. 써지지도 않을뿐더러 써도 좋은 글이 안 나온다. 이에 반해 스스로를 믿는 사람은 자기 글을 남에게 자신 있게 보여준다. 호평이나 혹평에 흔들리지 않는다. 칭찬받았다고 우쭐하지도, 혹평에 의기소침하지도 않는다. 타당한 건 흔쾌하게 받아들이고 무시할 것은 묵살한다. 나아가 마음속 다툼도 없다. 당신 말도 맞고 내 말도 맞다고 생각한다. 청탁병탄淸濁幷呑한다. 맑은 것과 탁한 것을 함께 삼킨다. 다름을 인정하고 받아들인다. 결과적으로 잘 보여주는 사람은 더 잘 쓰고, 안 보여주는 사람은 갈수록 못 쓴다. 보여주지 않는 글은 의미가 없다."

오픈의 이유는 성장이다.

구독과 좋아요,
그리고 알람 설정까지

오픈을 통해 사용자를 확보하고 이후 유료로 전환하는 목적과 달리 최대한 많은 구독자를 확보하여 다른 형태의 수익을 창출하는 사업이 성장하고 있다. 대표적인 사업이 인터넷 광고다. 기존 광고는 신문이나 텔레비전을 통한 전달 또는 특정한 장소에 광고판을 설치하는 방식이었으나 현재는 온라인으로 광고를 노출시킨다. 과거보다 광고 범위가 넓고 빠르다는 장점이 있다. 구글이 가장 대표적인 기업이며 특히 인터넷 사용자를 대상으로 광고하기 때문에 사용자 성향 및 선호도 등을 파악하여 맞춤 광고를 할 수 있다. 광고를 위해서는 최대한 많은 구독자가 필요하며 구독자 확보를 위해 플랫폼과 모든 서비스를 오픈한다. 유튜브도 그중 하나다. 국내에서 소비자가 가장 많이 사용하는 앱은 카카오톡이지만, 가장 긴 시간을 사용하는 앱은 단연코 유튜브다. 무료로 유튜브를 이용하면 중간중간 광고가 삽입된다. 구글의 광고 수익은 2023년 대비 10% 이상 상승했고 전체 수익에서 가장 많은 부분을 차지하는 핵심 사업이다.

구글뿐만 아니라 페이스북, 인스타그램 같은 소셜 네트워크 서비스도 사용자 수가 사업 성공의 열쇠다. 따라서 서비스를 오픈하여 누구나 사용할 수 있게 하는 것이며 수익은 광고나 게임, 온라인 쇼핑 등과 같은 다른 형태로 발생시킨다. 페이스북 2023년 매출은 약 1300억 달러로 원화로는 170조가 넘는 엄청난 규모다. 대부분 수익은 광고로 얻었으며 이러한 막대한 수익은 전 세계에 수십억 명이 넘는 사용자를 확보했기에 가능했다. 인스타그램도 같은 사업 구조로 2023년에만 약 700억 달러, 원화로는 90조가 넘는 연매출을 기록했다. 제품을 만들어 파는 것도 아니고 페이스북이나 인스타그램 사용자에게 유료로 서비스를 제공하는 것도 아니다. 하지만 막대한 수익을 얻을 수 있는 것은 무료로 서비스를 사용하고 있는 구독자 덕분이다. 지금도 유튜브에서는 '구독과 좋아요'를 외치는 이유이며 온라인 사업에서 구독자 확보를 위해서 오픈은 필연적이다.

구독서비스subscription service는 오래 전부터 존재했다. 매달 신문이나 잡지를 구독하기도 하고 최근에는 가전제품도 구독서비스를 한다. 정기적으로 구독료를 내고 원하는 제품을 사용하는 서비스다. 하지만 이 경우 구독자는 비용을 지불하고 사용하므로 오픈에서의 구독자와는 성격이 다르다. 물론 유로든 무료든 기업이 구독자를 최대한 확보하기 위한 목적은 동일하다. 오픈의 이유는 고객 확보다.

우리는 구멍을
메우는 데 능숙해요

1995년 샌프란시스코에서 열린 Free Software Conference(당시에는 오픈소스 소프트웨어를 자유 소프트웨어라고 부르던 시대였다)에서 넷스케이프 공동창업자인 마크 앤드리슨이 한 말이다.

"우리는 길의 구덩이 채우는 역할을 하는 거예요. 큰 회사들이 놓친 구멍을 메우는 거죠. 그런 구멍은 항상 있어요. 그리고 우리는 그런 구멍을 메우는 데 능숙해요."

넷스케이프라는 작은 오픈소스 회사가 거대한 소프트웨어 산업에 할 수 있는 역할을 잘 표현한 말로 이후 오픈소스 진영에서 자주 인용되고 있다. 하나의 기업이 아무리 완벽을 추구한다고 해도 반드시 '빈틈'이 있기 마련이다. 특히 소프트웨어는 수시로 변하고 많은 사람이 공동으로 개발해야 하기에 더욱 그렇다. 큰 회사와 작은 회사 그리고 개인까지 모두 참여하여 소프트웨어 산업을 발전시킬 수 있는 방법이 바로 '오픈'이다.

큰 회사들은 소프트웨어의 많은 부분을 개발한다. 그렇기에 오픈한 이후에도 상당한 지배력을 가질 수 있다. 작은 회사들은 주로 빠진 구덩이 부분을 집중적으로 수정하고 보완하는 역할을 할 수 있으며 동시에 오픈된 소프트웨어 전체를 무료로 사용할 수 있게 된다. 물론 큰 회사도 자신의 노력만으로 만든 소프트웨어보다 훨씬 개선된 소프트웨어를 이용하여 원하는 사업을 할 수 있다.

최근 소프트웨어의 취약한 부분만을 찾아 악의적으로 공격하는 해커들이 많아지고 있다. 소프트웨어 약점을 찾아 기업이나 제품에 침투하여 내부 정보를 빼내거나 망가트리기도 한다. 목적은 대가를 요구하는 경우가 대부분이다. 기업이 아무리 막아도 100% 완벽히 막기란 어렵다. '백지장도 맞들면 낫다'라는 말처럼 오픈하고 외부에 더 많은 참여자들이 함께 구덩이를 메워가는 것이 최선의 방법이다. 최근 증가하는 스타트업이나 개인 개발자에게는 유용한 생태계다. 필요한 소프트웨어를 무료로 사용할 수 있고 대신 유지보수에 약간의 힘을 보태면 되므로(사실 힘을 보탤 여력이 없어서 아무 기여를 하지 않아도 뭐라고 하지 않지만) '누이 좋고 매부 좋고'가 아닐 수 없다. 오픈한 기업에서도 신기술 연구에 집중할 수 있고 어떤 때는 오픈한 기술에 참여하는 다양한 개발자들의 노력을 통해 예상하지 못한 기능이나 기회가 만들어지기도 한다.

2016년 건축계의 노벨상이라 불리는 프리츠커상을 칠레 출신의 건축가 알레한드로 아라베나가 수상했다. 그는 '좋은 집의 절반 half a good

~house~'이라는 개념을 적용해 가난한 사람들에게 저가 주택을 제공하는 혁신적 접근을 높게 평가받았다. 저소득층을 위한 주택을 지으면서 거주자들이 당장 돈이 없으므로 나중에 손쉽게 증축할 수 있는 공간을 남겨두는 방식으로 설계한 것이다. 절반은 완성되어 주거가 가능한 집이고 나머지 절반은 기본 설비만 있어서 살면서 자신의 소득에 맞게 완성해가는 방식이다. 과거 건축가가 온전히 설계하고 시공사가 공사를 책임지는 완전한 집을 짓는 방식과는 다른 협업 방식이다. 결과적으로 짓는 부분 일부를 거주자에게 오픈한 것이다. 소프트웨어의 전체적인 구조를 큰 회사가 설계하고 개발하여 오픈하고 작은 회사들이 빈 부분을 채우며 완성하는 오픈소스와 같은 접근이라고 볼 수 있다. 오픈의 이유는 서로 도와가며 함께 성장하는 상생이다.

한 걸음
더 가까이

여러 사람이 함께하는 곳에는 반드시 이해관계가 있고 상하구조가 생기기 마련이다. 회사가 그렇고 사회가 그렇다. 그게 우리가 사는 세상이다. 함께할 때 가장 중요한 것은 서로의 신뢰다. 신뢰가 있어야 발전이 있고 미래가 있다. 신뢰는 수직적인 상하관계의 일방적인 명령으로 만들어지지 않는다. 군대처럼 상명하복이 절대적인 조직에서도 신뢰는 생사를 가르는 전쟁터에서 나를 살리고 동료를 살린다.

  오픈을 통해 직원이 서로 신뢰하고 모두가 경영자처럼 생각하며 함께 성장할 수 있도록 하는 경영 기법으로 '오픈북 경영Open Book Management'이라는 것이 있다. 회사의 모든 정보를 경영진과 동일한 수준으로 모든 조직 구성원에게 제공하고 업무와 관련한 권한을 부여함으로써 책임과 권한도 공동으로 보유하도록 하는 것이다. 즉 기업에서 새로운 아이디어를 찾을 때 자주 쓰는 상향식bottom-up 접근 방식과 유사하며 모든 구성원이 기업의 현황과 전략을 이해하고 업무를 추진함으로써 경영자 지시의 하향식top-down 방식에서 기대할 수 없는 혁신적 접근이 가능하다.

기업의 혁신에 자주 사용하는 기법으로 '오픈 이노베이션'이 있다. 하지만 오픈북 경영은 오픈 이노베이션과 그 목적과 이유가 다르다. 오픈 이노베이션은 기업의 혁신을 외부와 소통하며 내부에서 미처 발견하지 못한 방법을 찾고자 하는 것이다. 이에 반해 오픈북 경영에서 '북book'의 의미는 기업의 재정 상태를 나타내는 회계장부account book라고 볼 수 있다. 특히 기업의 재정 상태가 어려울 때 이를 모든 구성원에게 오픈함으로써 위기의식이라는 공감대를 형성하고자 하는 목적이다. 그래서 오픈북 경영은 안정적 경영 상태를 가진 기업보다는 경영 위기에 처한 기업에 적용하기 적합하다. 하지만 오픈 이노베이션은 잘나가는 기업이 더 잘나가기 위해 활용한다. 오픈 이노베이션은 외부와의 적극적 교류와 그에 따른 비용도 많이 필요하다. 그렇기에 경영 상태가 좋지 않은 기업이 하기에는 역부족이다.

기업 경영자뿐만 아니라 우리 사회 전반에서 소위 '결정권decision making'이 일어나는 곳에서 오픈이 늘고 있다. 결정의 핵심은 공정성이며 공정성을 가장 잘 뒷받침할 수 있는 것이 오픈, 즉 결정의 내용을 공개하는 것이다. 과거에는 볼 수 없던 재판 과정을 공개하는 오픈(공개)재판open trail이 대표적이다. 생각해보면 재판과 관련 없는 사람이 참석하여 재판 과정을 본다고 결과가 달라질 리는 없다. 하지만 '재판'이라는 단어에 '오픈' 하나 붙였을 뿐인데 우리에게 주는 느낌과 이미지는 크게 다르다. 오픈은 거리감 있고 딱딱한 재판의 이미지에 친근감과 유연성을 준다. 결과적으로 재판에 대한 신뢰성과 투명성을 높이며 동시에 재판에 관련된 사람들도 여러 측면에서 한 번 더 생각하게 하는 효과가 있다. 오픈이기에 표정이나 목소리에도 조금은 더 신경을 쓰지 않을까 싶다. 헌법재판소의 Open API 서비스도 기술적 기여에 목적이 있기보다는 오픈을 통해 대중에게 조금 더 친숙한 이미지로 다가가고자 하는 노력으로 보인다. 오픈의 이유는 서로를 이해하며 상황을 개선하기 위한 노력이다.

새 술은
새 부대에

나는 '오픈'과 '오픈소스'를 동일한 의미로 사용했다. 두 단어가 갖는 목적이나 특징 차이가 없기 때문이다. 표면적으로 두 단어가 다른 부분은 단지 '소스$_{source}$'가 붙어 있냐 그렇지 않냐의 차이이지만 결국 '오픈'을 한다는 건 어떤 형태로든 반드시 소스가 존재하므로 두 단어는 하나로 써도 무리가 없다고 생각했다.

   소프트웨어에서의 오픈소스 성공은 90년대 정립된 10가지 규칙에서 시작됐다. 90년대 초부터 본격화된 오픈소스는 소프트웨어 산업의 비약적 발전과 성장을 이루었다. 80년대 소프트웨어 발전이 특정 소수 기업의 전유물로 여겨지던 불합리한 경쟁 구도를 타파하고자 시작한 '자유 소프트웨어' 운동이 오픈소스의 출발이다. 많은 개발자들이 소프트웨어는 산업 발전의 공공재와 같은 역할을 해야 한다고 주장했다. 물과 공기처럼 특정 기업만 소유해서는 안 된다는 것으로 전 세계 개발자들의 호응을 얻으며 확대되어 나갔다. 이후 공유하고 협력하는 소프트웨어들이 많아졌고 이를 자유 소프트웨어라고 불렀다. 하지만 자유라는 용어는 freedom을 의미하기도 하지만 다른 한편으론 free of charge 즉 무료라는 의미도 강하게 작용하여 공개되는 소프트웨어 자체의 품질을 평가절하하는 문제점이 발생했다. 따라서 이를 해소하고자 대안으로 '오픈소스'라는 말이 등장했다. 이후 오픈소스의 비약적 발전과 동시에 해석이 제각각이던 오픈소스에 대해 명확히 정의해야 한다는 주장이 힘을 얻었고 많은 개발자들의 논의를 거쳐 90년대 말 '오픈소스 정의Open Source Definition'가 발표됐다.

①자유 재배포 ②소스 코드 공개 ③2차적 저작물 배포 허용 ④원저작자 소스 코드 수정 제한 ⑤사용 대상 차별 금지 ⑥사용 분야 제한 금지 ⑦라이선스 배포 ⑧특정 제품 의존성 금지 ⑨다른 라이선스 포괄적 수용 ⑩라이선스 기술 중립성

소프트웨어 진영에서 '오픈소스 정의'가 발표된 후 더이상 개발자들 간에 소스 공개와 사용 그리고 수정에 대해 불필요한 혼란이 해소되었고 본격적인 오픈소스의 성공 시대를 여는 시발점이 되었다. 소프트웨어와 마찬가지로 하드웨어, 반도체, 데이터, AI 등 앞으로 더 많은 기술 분야에서 각자의 특성과 목적을 반영한 오픈소스 정의가 등장할 것이다. 또한 지금의 오픈소스 정의는 소프트웨어 분야로 한정하여 '오픈소스 소프트웨어 정의'로 새롭게 정립해야 한다. 30여년 전 오픈소스를 정의할 때 지금과 같은 오픈의 세상을 상상하지 못했을 것이다. 동시에 앞으로의 발전 또한 누구도 가늠할 수 없다. 이제부터는 우리 관점을 오픈소스에서 오픈으로 넓혀야 하는 이유이기도 하다.

3
오픈의 힘은 어디서 오는가

과거와 달리 오픈을 다시 봐야 하고 새롭게 해석해야 하는 이유는 오픈이 우리 삶에 미치는 영향이 커졌기 때문이다. 오픈의 힘이 세진 이유와 배경은 여러 측면으로 살펴볼 수 있다. 가장 큰 변화는 기술의 비약적 발전이다. 특히 오픈의 기반인 인터넷을 스마트폰으로 언제 어디서나 사용할 수 있게 된 것이 핵심이다. 오픈이 단순히 폐쇄의 반대말이 아닌 복합적 의미를 가질 수 있게 된 것도 인터넷에 오픈하면 전 세계 누구나 접근할 수 있고 온라인에 모여서 새로운 가치를 만들어 낼 수 있기에 오픈은 더욱 성장하고 있다. 기술적 변화와 함께 산업적 변화도 오픈의 힘을 키우는 데 크게 작용하고 있다. 2000년대 인터넷 기술 발달에 힘입어 관련 기업들이 무수히 생겨났고 서비스는 적극적으로 오픈했다. 구글, 페이스북, 유튜브 그리고 네이버나 카카오 등이 대표적이다. 그들의 수익과 성장은 얼마나 많은 가입자를 보유하고 있느냐에 비례한다.

소프트웨어 산업도 비약적으로 성장했다. 과거 컴퓨터에 주로 사용하던 소프트웨어가 이제는 자동차, 반도체, 영화 및 우주 영역까지 넓어졌고 동시에 오픈소스의 역할도 성장했다. 특히 클라우드의 등장으로 소프트웨어 규모가 상상할 수 없이 커졌다. 스마트폰을 사용하는 사람은 거의 대부분 클라우드 서비스를 사용한다. 스마트폰을 바꿔도 이전 사용하던 사진이나 메시지를 그대로 가져오는 것도 클라우드를 사용하기 때문이다. 클라우드는 인터넷을 통해 스마트폰과 항상 연결되어 있어 게임을 하고 사진이나 동영상을 저장하며 문서 작업이나 이메일을 주고받게 한다. 클라우드 없는 스마트폰은 스마트하지 않다. 클라우드를 운영하는 소프트웨어는 대부분 오픈소스다. 클라우드라는 거대한 기능을 운영하기 위해 어마어마한 소프트웨어가 필요하며 한두 회사가 개발하기에는 역부족이다. 현실적인 방법은 있다. 필요한 기업이 모여 오픈소스로 소프트웨어를 개발하여 사용하는 것이다. 오픈소스를 통해 클라우드를 운영하고 각자 유료 서비스를 개발하여 수익을 얻는다. 스마트폰에서 사진을 클라우드에 저장할 때 무료로 제공하는 용량이 있다. 그 이상의 용량을 사용하려면 유료다. 메일도 마찬가지로 무료 용량이 다 찰 경우 유료 서비스 전환하라는 공지를 받는다.

그러고 보니 우리는 두 개의 구름 아래 살아가고 있다. 하나는 눈에 보이는 하늘 위 구름이고 다른 하나는 스마트폰을 통해서 경험할 수 있는 보이지 않는 클라우드다. 클라우드는 수천만 대의 고성능 컴퓨터(서버)로 이루어진 데이터센터에서 돌아가는데 전 세계 데이터센터의 규모는 서울시 면적의 10%가 넘는 엄청난 크기다. 데이터센터가 우리에게 잘 보이지 않는 이유는 대부분 사람이 많이 살지 않는 한적한 곳에 있기 때문이다. 가끔 길을 가다 보면 우리 주변에서 작은 규모의 데이터센터를 보게 되는 경우도 있기는 하다.

기술적 측면 외에도 사회적으로 오픈에 매우 익숙해졌다. 특히 팬데믹은 우리로 하여금 '오픈'에 더욱 가깝게 했다. 유례없는 전염병에 맞서 세계는 오픈을 통해 공유하고 협력하며 함께 위기를 극복했다. 작게는 동네 약국에서 마스크 잔여량을 오픈하여 서로 공유할 수 있도록 했고, 정부 코로나 방역 정책이나 정보를 오픈하여 다양한 앱과 서비스에서 활용하도록 했다. 국가 간에도 정보를 오픈하여 함께 코로나를 극복했다. 기업은 재택근무를 위해 사내 정보를 임직원에게 최대한 오픈했다. 팬데믹 이전에도 재택근무는 가능했지만 여러 이유로 제한적이었다. 정상적인 업무를 위해선 출퇴근과 대면 회의는 필수였다. 하지만 팬데믹 상황에서 기업은 생존을 위해 전면 재택근무로 전환했고 지금은 기업의 일하는 방식의 중심축으로 자리를 잡았다. '비대면'과 '재택'의 공통분모는 오픈이다. 오픈이 없다면 두 가지 모두 불가능하다.

특히 문화적인 측면에서도 오픈이 곧 삶이다. 스마트폰으로 일하고 스마트폰과 놀고 쉬다가 잔다. 인터넷을 통해 오픈된 것은 우리의 삶에 다양한 형태로 동거한다. 인터넷이 없는 일상은 이제 상상할 수 없다.

이전 세대가 체력이 국력이었다면 지금 세대는 오픈이 국력이다.

더 작아진
세상

 알버트 라즐로 바라바시의 『링크』에서는 전 세계 누구와도 여섯 단계 내에 연결되는 '작은 세상'을 다양한 실험과 사례를 통해 증명함으로써 네트워크의 위력을 입증했다. 20여 년이 지난 지금은 단계가 더 줄어들었을 것이 분명하다. 얼마 전 한 여성이 촬영한 짧은 댄스 영상을 틱톡에 올렸는데 한 달만에 1억 뷰를 넘겼다는 뉴스를 봤다. 인상적인 부분은 댓글에 세계적으로 유명한 아티스트들이 여럿 있었는데 자신도 함께 춤추고 싶다는 요청 메시지였다. 그들 중에는 저스틴 비버와 레이디 가가도 있었는데 영상을 올린 당사자는 한 번도 만나본 적 없는 유명인들이다. 여섯 단계까지 필요 없다. 물론 틱톡 영상을 그들이 한 번에 보지 않았을 가능성이 높다. 주변 사람이 공유했을 수도 있고 인터넷을 보다가 우연히 발견했을 수도 있다. 하지만 분명한 건 영상을 올린 당사자가 저스틴 비버나 레이디 가가와 소통하고자 연결을 시도한 것은 아니라는 것이다. 결과적으로 오픈했고 연결됐다.

세상을 더 작게 만든 대표적인 키워드들은 바로 인터넷, 스마트폰 그리고 무선기술이다. 이것을 통해 지금도 세상은 더 가깝게 연결되고 오픈되고 있다. 전 세계 인구의 80% 이상이 인터넷을 사용한다. 오픈의 힘을 강하게 하는 가장 큰 요인은 바로 인터넷의 발전이다. 연결이 없는 오픈은 가능하지만 힘은 없다. 연결 없이 오픈하는 것은 파급력이 약하고 많은 사람이 쉽게 오픈에 참여하는 데 한계가 있다. 결국 어딘가에 홀로 무의미하게 오픈되었다가 힘을 잃고 사라진다. 오늘날 오픈은 전부 인터넷으로 이루어진다고 해도 과장이 아니다. 2002년 나는 차세대인터넷 기술을 연구하며 미래에 수많은 기기들이 인터넷에 연결되는 세상을 상상했다. 당시는 스마트폰도 없던 시절이기에 도어락이나 전등, 냉장고나 세탁기 같은 가전제품이 인터넷에 연결되는 세상이 막연했다. 하지만 지금은 이미 우리 주변에 많은 기기들이 인터넷에 연결되어 있고 스마트폰으로 기기를 제어하고 사용하는 사물인터넷 시대를 산다. 당시 멀게만 보였던 차세대인터넷은 이제 더 이상 차세대가 아니라 구세대가 된 지 오래다. 인터넷에 연결된 수많은 기기들이 오픈의 힘을 더욱 강하게 만들고 있다.

특히 2007년 등장한 아이폰을 시작으로 스마트폰 기술은 인터넷을 혁신적으로 발전시켰다. 애플이 아이폰 출시할 당시 나는 IETF 표준화 회의 참석 중이었다. 회의 참석자는 300여 명 정도였고 모토로라와 노키아 같은 당시 글로벌 최고의 통신 회사에서 다수가 참석했다. 나를 포함한 대부분 사람은 애플컴퓨터(지금은 컴퓨터라는 단어를 버리고 애플이 되었다)의 새로운 휴대폰 출시에 다소 의아했다. 당시 애플은 우리에게 매킨토시Macintosh 컴퓨터를 만드는 회사로 알려져 있었기 때문이다. 하지만 아이폰이 공개된 후 휴대폰과 통신 시장의 판도는 완전히 바뀌었다. 어느 인터뷰에서 애플 개발자는 아이폰을 이렇게 말했다. "사람들은 애플이 새로운 휴대폰을 만들 거라고 생각했어요. 하지만 우린 완전히 새로운 생각으로 휴대폰을 바라보았어요. 휴대폰은 사람들끼리 통화를 위한 목적으로 만들어졌지만 아이폰은 통화뿐만 아니라 더 많은 일을 할 수 있는 휴대용 컴퓨터로 만드는 게 목표였어요. 휴대용 컴퓨터로 통화를 하는 건 수많은 서비스 중 단지 하나일 뿐인 거죠." 지금은 대부분 사람이 '수많은 서비스 중에 단지 하나'라는 의미를 잘 안다. 우리가 앱스토어에서 필요한 서비스를 제공하는 앱을 아이폰에 설치하여 사용하면 되고 음성통화는 그중에 단지 하나다. 당시 휴대폰 핵심 기능은 음성통화였고 아이폰의 핵심 기능은 인터넷의 모든 서비스였으니 아이폰을 혁신적인 발명품이라고 하는 것이 과장된 표현은 아니다. 아이폰이 출시된 이듬해 구글이 안드로이드폰을 출시하면서 스마트폰은 전 세계로 확산됐다. 스마트폰의 발전은 오픈이 닿는 영역을 사무실이나 책상에서 우리 손안으로 옮겨 놓았다. 또한 스마트폰과 연결하여 많은 사람들이 스마트워치를 손목에 차고 다닌다. 세계 구석구석에서 오픈하는 것들이 인터넷과 스마트폰 그리고 워치나 웨어러블 기기를 통해 실시간으로 우리 몸에 붙어 다닌다. 우리 생활 전 영역으로 오픈이 들어왔다. 지금도 글을 쓰고 있는 노트북과 스마트폰에는 전 세계 여기저기서 오픈하는 정보 알람이 지속적으로 팝업되고 사라진다.

    인터넷에 연결하는 방식은 크게 두 가지로 나눌 수 있다. 하나는 데스크톱에 인터넷 선을 연결하는 유선 방식이 있고 다른 하나는 스마트폰에서 사용하는 무선 방식이다. 물론 전 세계 모든 사람이 인터넷에 연결된 것은 아니다. 아주대학교 최기련 교수 칼럼 〈인터넷 빈곤〉에 따르면 인터넷망에 연결 기회를 얻지 못하거나 지불 능력에 비해 너무 많은 비용 부담으로 연결을 포기하는 경우가 많다. 이를 '인터넷 빈곤'이라고 한다. WDL_{World Data Lab} 연구기관에 따르면 인터넷 빈곤의 기준을 최소 속도 기준으로 초당 3메가바이트, 월간 1.5기가바이트 연결 패키지를 못 가진 경우라고 한다. 이러한 인터넷 빈곤은 증가 추세에 있다. 특히 4차 산업혁명, 소프트웨어 중심 사회 등 미래 사회 중심축으로 등장해야 하는 저개발국, 저소득층의 인터넷 연계 강화는 필수적이라고 주장한다. 인터넷망을 지구 모든 곳에 설치한다는 건 사실상 불가능하다. 비용도 문제지만 다양한 지형 특성도 난재다. 하지만 최근 새로운 대안으로 각광받는 것이 인공위성 통신이다. 저궤도에 인공위성을 띄우고 이를 통해 무선으로 인터넷을 제공하는 것이다. 최근 일론 머스크가 세운 스타링크에서 발사한 위성의 개수가 약 5천 개다. 무선 연결 기술 발전은 지구상에 인터넷이 연결되지 않는 곳을 줄여가고 있고 동시에 오픈은 넓어지고 있다.

재산보다 연결이
중요한 세대

인간은 본능적으로 낯선 것을 수용하는 데 거부감이 있다. 새로운 것이 안전한지 그렇지 않은지 불확실하고 처음 경험하는 것은 늘 어색하다. 이와 같은 반응에는 다양한 심리 요소가 작용하는데 이를 경제에서는 '심리적 거래비용'이라 부른다. 거래 과정에서 발생하는 경제적 비용이 아닌 감정, 인지, 사회적 영향 등 심리적인 요인으로 인해 발생하는 추가적인 비용을 의미한다. 이는 경제적 거래비용에 비해 측정하기 어렵지만 실제 거래의 성패에 큰 영향을 미치는 중요한 요소다. 심리적 거래비용이 중요한 이유는 사업의 성패에 중요한 영향을 미치기 때문이다. 사용자 또는 소비자가 구매나 수용에 불안해하고 불확실성을 느낀다면 이는 사업 실패로 연결된다. 또한 심리적 거래비용이 높아지면 결국 경제적 거래비용이 증가하여 사용자나 소비자가 쉽게 선택하지 못한다. 특히 새로운 기술을 수용할 때 다양한 심리적 요인이 작용하고 각 요인의 특성과 기술과의 관계를 살펴봐야 한다.

첫 번째 요인은 성격이다. 성격 중에서도 개방성, 외향성, 신뢰성, 성실성, 규칙성 등이 새로운 기술 수용에 영향을 미치는 것으로 알려져 있다. 개방성이 높은 사람은 변화를 수용하고 새로운 기술을 탐색하는 경향이 있어 이를 수용하기에 수월하다.

두 번째 요인은 가치관이다. 가치관 중에서도 기술에 대한 가치관, 변화에 대한 가치관 등이 새로운 기술 수용에 영향을 미치는 것으로 알려져 있다. 기술에 대한 가치관이 높은 사람은 새로운 기술을 유용하고 가치 있는 것으로 인식하여 수용성이 높다.

세 번째 요인은 경험이다. 기술 사용 경험은 수용에 영향을 미치는 중요한 요인이다. 새로운 기술에 대한 경험이 많을수록 기술에 대한 이해도가 높아 더 잘 수용한다.

네 번째 요인은 지각이다. 기술에 대한 지각은 디지털 기술 수용에 영향을 미치는 요인이다. 예를 들어 새로운 기술이 유용하고 안전하다고 지각하는 경우 기술을 더 잘 수용할 수 있다.

결과적으로 새로운 기술 수용에 영향을 미치는 심리적 요인은 개인의 고유한 특성과 경험, 그리고 기술 수용에 대한 지각과 기대 등에 의해 결정된다.

처음 카카오톡으로 송금할 때 많은 사람이 망설였다. 문자를 보내거나 사진을 보내는 건 괜찮은데 돈을 너무 쉽게 보내는 것이 왠지 모르게 불안하고 안전하지 않다고 느꼈다. 하지만 지금은 많은 사람이 문자 보내듯이 돈을 보낸다. 편해지면 심리적인 불안이 줄어든다. 오늘날 오픈에 대한 심리적 거래 비용은 이전에 비해 상당히 낮아졌고 이는 기술 발달과 함께 오픈의 힘을 키우는 중요한 요소로 작용한다.

물론 아직도 컴퓨터를 통해 공인인증서로 로그인하고 별도의 OTP 기기를 통해 6자리 숫자를 생성한 후 입력해야 안전하다고 생각하는 사람도 있지만 분명한 건 과거보다 오픈에 대한 수용력은 훨씬 커졌다. 송금뿐만 아니라 우리 삶에 많은 부분에서 오픈하고 이용한다. 에어비앤비를 통해 집을 오픈하여 수익을 얻는다. 자주 사용하지 않는 차를 오픈하여 렌트 수익을 얻는가 하면 최근에는 집안에 비어 있는 방 한 칸만 오픈해서 다른 사람이 물건을 보관하게 하고 이용료를 받기도 한다. 오픈을 하는 쪽이 늘어난다는 건 동시에 사용자가 많다는 것이다.

서울 한강변을 운전하며 지날 때 옆자리에 앉은 아들이 부동산 시세를 검색하고 있다. "아빠 여기는 한강변이라 그런지 오래돼 보이는 아파트인데도 매매 가격이 꽤 비싸네요?" 아들은 스마트폰 앱으로 지나고 있는 한강 주변 아파트 시세를 실시간으로 확인하고 있다. 그렇다고 당장 집을 보러 다니는 것도 아니고 다른 약속이 있어서 지나가는 중에 재미로 부동산 시세를 보는 것이다. 전에는 집을 구하려면 동네에 있는 복덕방을 방문해야 했다. 구하는 집에 대한 요구사항과 적당한 가격선을 알려주면 복덕방 주인이 가진 정보에서 몇 개를 찾아 함께 보러 다닌다. 원하는 집이 있으면 좋겠지만 맘에 들지 않으면 다른 복덕방을 찾아 헤매야 한다. 다른 동네의 집을 보고 싶으면 이동해서 그 동네 복덕방을 찾아야 한다. 하지만 지금은 스마트폰 하나로 전국 부동산 시세와 매매 또는 전세 가능 여부, 그리고 최근 몇년간 집값 변동 정보 등 동네 복덕방보다 훨씬 많은 정보를 언제 어디서나 볼 수 있다. 현재 구글플레이에서 부동산으로 검색하면 4천 개가 넘는 앱이 검색된다. 이들은 소위 '오픈 부동산' 또는 '오픈 복덕방'이다.

제레미 리프킨『소유의 종말』은 접속의 시대에 새로운 유형의 인간을 몰고 온다고 했는데 이미 그들은 사회 주축 세력이 됐다.

"새로운 세대의 젊은이들은 전자상거래와 사이버스페이스 세계에서 이루어지는 사업에 아무런 거부감이 없으며 그 속에서 펼쳐지는 사교 활동에도 적극적으로 참여한다. 그들은 문화경제를 구성하는 수많은 시뮬레이션 세계에 척척 적응한다. 그들에게 익숙한 세계는 이념적 세계가 아니라 연극적 세계이다. 그들의 의식은 노동 정신보다는 유희 정신에 기울어 있다. 그들에게 접속은 이미 생활의 일부가 되었다. 재산도 중요하지만 연결된다는 것이 훨씬 더 중요하다."

새로운 유형의 인간은 이미 우리 사회의 주축이고 그들의 DNA에는 이미 오픈이 깊숙이 자리 잡고 있다.

거리두기로 더
가까워진 오픈

팬데믹은 일상의 많은 부분을 바꿨다. 사람을 뜻하는 한자 '人(사람인)'은 인간이 서로 기대어 있는 모습을 나타내는 상형문자다. 사람은 서로 기대어 부딪고 의지하며 산다는 의미다. 하지만 팬데믹 시기 대표적 키워드는 '거리두기'다. 그것도 개개인 차원에서 거리를 두는 것이 아니라 사회 전반에 걸친 사회적 거리두기를 강제했다. 모든 분야에서 비대면 온라인 방식으로의 전환이 빠르게 진행됐다. 일과 교육의 영역에서는 재택근무가 늘었고 화상회의가 증가하며 인터넷 사용이 급증했다. 생활 방식의 변화에 따라 소비 패턴도 크게 달라졌는데 외출이 감소하면서 오프라인 소비는 줄고 온라인 소비가 증가했다. 특히 모바일 쇼핑이 크게 증가했고 식당, 공연, 영화 등 모든 영역에서 온라인 시스템이 급증했다. 대부분을 스마트폰과 인터넷으로 생활해야 했다. 유엔 산하 국제전기통신연합(ITU)은 매년 전 세계의 인터넷 사용 현황을 조사하여 발표하고 있다. 2018년 이후 매년 평균 7% 정도 증가하던 사용량은 팬데믹 거리두기 정책이 본격화되기 시작한 2020년 1월 17.8% 증가했고 3월까지 10% 이상의 증가율을 기록했다. 아이러니하게도 팬데믹으로 인한 인터넷 증가는 오픈을 더욱 강하게 만드는 효과로 작용했다.

팬데믹은 일하는 방식도 재택근무로 한순간에 바꿨다. 〈워싱턴 포스트〉에 따르면 미국에서 팬데믹 이전 재택근무 비율은 19% 정도였다. 하지만 팬데믹 이후 2023년 조사 결과 80% 가까이 재택근무를 하는 것으로 확인됐다. 특히 증가세는 IT 관련 분야에서 두드러졌으나 금융이나 보험, 교육, 의료에 이르기까지 다양한 분야에서 재택근무가 보편화된 것을 확인할 수 있었다. 최근에는 팬데믹 이후 사무실에 출근하여 근무하도록 직원을 독려하고 있지만 여전히 재택근무를 고집하는 직원이 상당수라는 기사를 자주 볼 수 있다. 일부 국가에서는 사무실 근무를 고집하는 경우 재택근무 가능한 회사로 이직하는 사례도 빈번히 발생하고 있으니 이제 재택근무는 선택이 아닌 필수로 자리 잡고 있다.

깃허브는 오픈소스를 공동 개발하는 대표적인 온라인 플랫폼이다. 2018년 3천여만 명이던 참여자가 팬데믹 이후 2020년에는 거의 두 배 가까운 5600만 명으로 증가했고 2023년 말 기준 약 9700만 명이 참여하고 있다. 깃허브 참여자는 조만간 1억 명을 돌파할 것으로 전망된다. 깃허브 참여자의 대다수는 소프트웨어 개발자이며 전년 대비 오픈소스 프로젝트 기여가 25% 증가했고 깃허브에 함께 개발하는 사람들을 모으는 공간 생성도 35% 이상 증가했다. 팬데믹 이전에는 개발자들이 사무실에서 이런저런 이유로 미루던 오픈소스 활동을 팬데믹 상황에선 오히려 비대면 그리고 재택근무를 통해 오픈소스 개발에 전념할 수 있게 하는 기회가 되었다.

특히 팬데믹 시기에 깃허브에 감동적인 일들이 많았다. 전 세계가 팬데믹을 함께 극복하자는 취지로 '오픈소스 포 굿Open Source for Good' 프로젝트가 폭발적으로 증가했다. 개발자뿐만 아니라 소프트웨어가 아닌 분야의 기술자들, 교사와 학생, 과학자, 디자이너, 심지어 가정주부 등 각양각색의 사람들이 참여하여 자신이 기여할 수 있는 것들을 깃허브에 오픈하기 시작했다. 가장 먼저는 코로나19 백신 개발을 위한 소프트웨어와 임상시험 데이터, 바이러스 유전자 정보와 같은 것을 공유했다. 또한 나라와 지역별로 의료 정보를 공유할 수 있는 시스템 구축에 필요한 오픈소스도 많이 공개되었다. 비대면으로 학습해야 하는 학생들을 위한 온라인 교육 관련 오픈소스도 증가했다.

물은 100도에서 끓는다. 같은 양의 물을 99도에서 100도로 1도 올리는 데 필요한 에너지는 98도에서 99도로 1도 올리는 데 필요한 에너지의 약 540배가 필요하다. 똑같이 1도를 올리는데 왜 끓는점까지는 수백 배의 힘이 필요할까? 바로 액체에서 기체로 상태가 변화하는 상태전이 지점이 끓는점이기 때문이다. 상태전이를 지나기 전까지 물은 뜨겁지만 끓지는 않는다. 코로나는 99도의 오픈소스 상태를 100도로 전이시키는 폭발적인 힘으로 작용했다. 현재 오픈의 온도는 100도를 넘어 펄펄 끓고 있다.

다양한 소스들의 등장

오픈은 공유와 협력을 통해 성립한다. 서로 공유할 수 있는 그 무엇, 즉 '소스$_{source}$'를 오픈하는 것에서 협력이 시작된다. 오픈소스가 소프트웨어 분야에서 발전할 수 있었던 이유도 특정 기업이 독점하던 소프트웨어를 해방시켜 무료로 공유가 가능했기 때문이다. 리누스 토발즈가 1991년 오픈한 리눅스 커널 버전 0.01이 지금 리눅스 세상의 시작이고, 2003년 마크 저커버그가 구축한 페이스매시$_{Facemash}$ 사이트가 지금 페이스북의 시작이며, 2008년 구글이 오픈한 안드로이드가 지금 갤럭시의 시작이다. 국내에서 사용자들이 가장 오래 사용하는 앱으로 등극한 유튜브도 채드 헐리, 스티브 첸, 자베드 카림 3명이 온라인에서 동영상을 쉽게 찾기 위한 웹사이트를 2005년 오픈하면서 시작됐다.

이제는 하드웨어 형태의 소스를 오픈하는 움직임이 늘고 있다.

2011년 페이스북(현 메타)은 클라우드 서비스에 필요한 데이터센터를 구축하는 소스를 오픈소스 프로젝트Open Compute Project를 통해 오픈했다. OCP는 데이터센터에 사용하는 서버 보드, 스토리지, 네트워킹 등의 하드웨어 구성요소를 오픈한다. 또한 수십 대 서버를 랙(여러 대의 서버를 보관할 수 있는 보관함)에 통합하여 연결하는 디자인 방식과 장비에서 발생하는 열을 낮추는 쿨링 기술 그리고 효율적인 전력 시스템 방법 등 다양한 기술을 오픈한다. 현재 300개가 넘는 회원사가 참여 중이며 오픈을 통해 메타는 더욱 향상된 데이터센터를 구축할 수 있게 됐다. 2015년에는 '오픈소스 반도체'라 불리는 RISC-V(리스크 파이브) 인터네셔널이 설립되었고 현재는 리눅스 재단에서 운영 중이다. RISC-V는 반도체 개발에 필요한 기술로 2010년 미국 UC버클리에서 개발하여 무료로 오픈했으며 현재 4천여 개 가까운 회원사가 참여하여 협력하고 있다. 여기서 오픈하는 소스의 형태는 소프트웨어도 아니고 하드웨어도 아닌 반도체 구동 명령어들이다. RISC-V 대표 기업인 텐스토렌트 CEO 짐 켈러는 최근 미디어와의 인터뷰를 통해 AI 반도체 시장에서의 오픈소스 중요성을 다음과 같이 강조했다.

"AI 시대에 독점하고 있는 엔비디아, 하지만 10년 후에는 모든 기기가 AI를 탑재하게 될 것이며 이런 세상에서는 저가의 AI 칩이 확산될 것이다. 이를 대응하기엔 현재의 엔비디아나 ARM 같은 고가의 정제된 솔루션은 한계가 있고 시장의 형태가 바뀌면서 스케일업scale-up을 위해서는 오픈소스가 해답이라고 전망한다. 소프트웨어가 산업 전반에 보편화commodity되면서 '고가의 특정 솔루션'보다 '저가의 다양한 솔루션'으로 시장이 변화한 것과 같이 향후 AI 반도체 시장도 그렇게 전망하고 있다."

앞서 설명한 오픈맵협회에서는 세계 지도 정보를 오픈한다. 구글은 모든 소스를 오픈한다고 생각하는 사람도 있겠지만 실상은 절대 그렇지 않다. 그리고 모든 것을 오픈하는 것이 오픈을 잘하는 것도 아니다. 기업은 철저히 사업 관점에서 '오픈할 것'과 '오픈하지 않을 것'을 구분하여 추진하는데 구글맵은 '오픈하지 않을 것'의 대표적인 차별화 소스다. 앞으로도 구글은 자신의 지도 정보를 오픈하는 일은 절대 없을 것이다.

가장 최근에는 2023년 12월 'AI의 오픈 협력'을 목표로 'AI Alliance'가 설립됐다. AI의 어떤 기술을 오픈할지는 아직 논의 중이나 기업들 간에 다양한 방식으로 오픈형 협력을 강화해 나간다는 목표다. AI 발전과 함께 학습에 필요한 데이터를 오픈하여 함께 사용하자는 '오픈 데이터' 논의도 활발하다.

제레미 리프킨은 『소유의 종말』에서 접속의 시대를 강조했다.

"시장은 네트워크에게 자리를 내주며 소유는 접속으로 바뀌는 추세다."

앞으로도 다양한 형태의 소스를 오픈하고, 공유와 협력을 통해 경쟁자의 독점적 자리를 흔들기 위한 기업들의 연합은 더욱 늘어날 것이다. 오픈의 역할과 중요성이 더욱 강해질 수밖에 없는 시장 상황이다.

유니콘을 꿈꾸는
실리콘밸리 스타트업

실리콘밸리는 IT 기술을 경연하는 스타트업들의 주경기장이다. 기업 가치가 10억 달러가 넘는 스타트업을 '유니콘 기업'이라 부른다. 전설 속 등장하는 유니콘처럼 특별한 존재로 미래가 기대된다는 의미다. 전 세계 유니콘 스타트업 중 약 40%가 실리콘밸리에 있다. 특히 소프트웨어 분야 스타트업이 주를 이루는데 전 세계 유니콘 기업 중 소프트웨어 분야가 약 16%, 미국의 경우에는 30% 이상이며 중국도 20%가 넘는다. 그만큼 실리콘밸리는 소프트웨어 스타트업 기업의 중심이라고 할 수 있으며 그 분야도 더욱 다양해지고 있다.

    AI 분야의 유니콘 기업으로는 우리에게 챗GPT로 잘 알려진 오픈AI$_{\text{OpenAI}}$가 있고 이세돌과 대국을 펼치며 유명해진 알파고를 만든 딥마인드$_{\text{DeepMind}}$ 등이 있다. AI 기술에서만 봐도 스타트업의 치열함을 알 수 있다. 딥마인드는 구글의 막대한 투자를 받으며 알파고로 세상을 놀라게 했다. 하지만 10년도 채 지나지 않아 챗GPT가 AI 분야 슈퍼스타로 등장했다. 조만간 또 다른 스타트업이 어딘가에서 세상을 깜짝 놀라게 할 준비를 하고 있을 것이다.

AI가 주목을 받기 전까진 클라우드 컴퓨팅 분야에 유니콘 기업이 많았다. 대표적으로 몽고DB$_{MongoDB}$, 데이터브릭스$_{Databricks}$, 엘라스틱$_{Elastic}$ 등이 있는데 앞의 AI 기업에 비해 다소 생소할 수 있다. 사실 클라우드 기업들은 일반 소비자보다는 개발자에게 더 유명하다. 이유는 클라우드 기업과 기술 협력하는 접점은 클라우드 사업을 하는 구글, 아마존, 마이크로소프트, 애플과 같은 기업들이기 때문이다. 소비자는 클라우드 서비스를 사용할 뿐 보이지 않는 어딘가에서 돌아가는 클라우드 기술에는 별 관심이 없다. 아니 관심을 가질 필요가 없다. 이에 비해 AI는 소비자와 직접 기술적 접점을 갖고 실생활에서 경험할 수 있으므로 더 친근한 특징이 있다. 팬데믹으로 우리에게 잘 알려진 유니콘 기업은 헬스케어 분야의 모더나$_{Moderna}$가 있다. 모더나 역시 백신 접종으로 소비자와 접점을 가져 우리에게 친숙하다. 그 외에도 보안, 교육, 모바일 결제나 암호화폐 등 다양한 분야에 유니콘이 존재한다. 그렇다면 스타트업 기업들은 급변하는 기술 환경 변화에서 어떻게 유니콘 기업으로 성장할 수 있었을까?

스타트업은 말 그대로 새롭게 태어난 기업으로 혁신적 기술과 빠른 개발이 핵심이다. 물론 열정과 투지 그리고 꿈을 향한 과감한 도전과 같은 정신적인 부분은 강조할 필요가 없다. 강인한 정신력이 없다면 시작도 하지 않았을 테니 말이다. 그렇다면 이미 시장에 기대한 기업들이 버티고 있는데 어떻게 혁신적인 기술을 빨리 개발할 수 있을까. 그것도 소수의 인력으로 말이다. 꿈을 현실로 가능하게 하는 해답은 바로 오픈소스다.

  소프트웨어 분야 모든 스타트업 기업은 혁신적 아이디어를 소프트웨어로 구현할 때 가장 먼저 하는 것이 관련 오픈소스를 찾는 것이다. 필요한 오픈소스를 빠르게 잘 찾는 것이 스타트업의 중요한 실력이다. 소프트웨어는 '무에서 유를 창조'하는 시대가 아니다. 최대한 무료로 사용할 수 있는 것을 확보하고 거기서부터 시작해야 한다. 즉 '유에서 다른 새로운 유'를 만들거나 또는 '유에 없는 무를 채워 기존의 유를 더 좋게' 만드는 시대다. AI 분야 개발자 설문조사 결과 80% 이상 오픈소스를 사용하는 것으로 나타났다. 클라우드 분야는 시스템을 운영하는 부분부터 서버 관리, 모니터링, 가상화에 이르기까지 전 분야가 오픈소스로 이루어져 있다. 전 세계 클라우드 사업의 70% 가까이를 소위 '클라우드 빅3' 아마존, 마이크로소프트, 구글이 지배하고 있다. 다시 말해 클라우드 스타트업에서 만드는 기술은 결국 빅3가 사용할 수 있는 형태이어야 경쟁력 있다는 의미다. 새로운 소프트웨어를 기존 플랫폼에 적용할 때 가장 중요한 건 이질감이 없어야 한다. '코드 이식' 과정에서 이질감은 치명적이다. 마치 장기이식을 결정할 때 가장 먼저 거부반응이 없는지 검사하는 것과 같은 원리다. 그렇다면 클라우드 개발은 이식성이 우수한 오픈소스로 무조건 시작해야 한다. 세상에 없는 혁신적인 아이디어를 기존에 있는 소프트웨어를 활용해 최대한 빨리 만드는 것. 오픈은 스타트업이 탄생하고 성장하여 살아남아 유니콘 기업으로 전진할 수 있는 비결이다.

오픈소스
어게인

대학원 시절 논문 쓸 때 가장 유용하게 사용했던 제품은 지금은 거의 사용하지 않는 USB 외장 하드디스크였다. 언뜻 보면 작은 도시락같이 생겼는데 USB 연결이 가능한 컴퓨터나 노트북에 꽂기만 하면 언제 어디서나 논문을 작성할 수 있었다. 외장 하드디스크가 있기 전에는 논문을 작성하려면 연구실 컴퓨터 앞으로 가야 했다. 물론 노트북을 갖게 된 이후부터는 노트북에서 작성할 수 있었지만 매번 골칫거리는 노트북에서 작성하는 논문과 연구실 컴퓨터에서 작성하는 논문 두 개를 항상 비교하면서 다른 부분이 없는지 확인하는 작업이었다. 한번은 연구실에서 밤새 작업한 논문을 간신히 기한 내 제출했는데 나중에 학인해 보니 노트북에서 작성한 부분이 반영되지 않은 것을 확인했다. 당연히 논문은 학회에서 거절됐고 다음 해 다시 작업해서 제출해야 했다. 논문뿐만 아니라 두 개의 작업 환경을 이용하면 불편한 점은 한둘이 아니다. 노트북에서 작업하다 보면 필요한 자료들이 사무실 컴퓨터에 있다거나 출장 중 보려고 다운로드한 음악과 영화들이 집 컴퓨터에 있어서 무료하게 시간을 보낸 적이 여러 번이다. 지금이야 5G가 익숙해 수십 개의 음악이나 영화들이 금세 인터넷으로 전송되지만 당시에는 2시간짜리 영화를 다운로드하는 데 1시간씩 걸리던 시절이었다. 그것도 유선으로 말이다. 인터넷 상황이 좋지 않은 곳에 출장을 가게 되면 영화 한 편을 보기 위해 전날부터 다운로드를 시작해 자고 일어나서 확인하는 경우도 부지기수였다. 지금은 상상하기 어려운 소리로 들리지만 불과 20년 전 일이다.

지금 이 책을 스위스 취리히 공항에서 다음 비행기를 기다리며 라운지에서 쓰고 있다. 어제는 런던에서 회의가 있었고 그때도 쉬는 시간에 틈틈이 책을 썼다. 오늘 저녁은 샌프란시스코에 도착할 예정이니 거기서도 책을 쓰고 있을 테다. 하지만 더 이상 파일을 가지고 다니지 않는다. 인터넷 너머 어딘가 동작하고 있는 클라우드 덕분이다. 더 이상 휴대용 하드디스크도 필요 없다. 듣고 싶은 음악이나 영화는 스트리밍으로 듣고 본다. 유튜브 뮤직도 있고 넷플릭스도 있다. 5G를 통해 노트북도 가지고 다닐 필요 없고 모든 일을 스마트폰으로 한다. 조금 더 큰 화면이 필요하면 태블릿PC도 있다. 지금 스마트폰의 알림 창에는 10년 전 내가 취리히 공항에 왔었다는 삶의 흔적을 알려주며 그때 찍은 사진을 구글포토가 띄운다. 내 기억에는 전혀 없었는데 말이다. 이런 생활이 가능한 건 클라우드 라는 기술 때문이다.

클라우드는 외장하드디스크뿐만 아니라 많은 산업 분야를 변화시켰다. MP3를 지나 스마트폰으로 넘어오면서 카세트테이프나 LP판을 팔던 레코드 가게들은 자취를 감췄다. 1873년 시작해 역사와 전통을 자랑하던 미국 대표 서점 반스 앤 노블Barnes&Nobel은 90년대부터 쇠퇴하더니 결국 2020년 파산했다. 책은 인터넷으로 구매하고 필요할 때는 스마트폰이나 태블릿PC에 다운받아서 읽는다.

클라우드 사업의 점유율에 아마존이 약 32%로 1위다. 그 뒤로 마이크로소프트와 구글이 있다. 하지만 클라우드 네이티브 컴퓨팅 재단, 아파치 소프트웨어 재단과 관련된 인기 오픈소스 프로젝트 기여 순위를 살펴보면 가장 많이 기여하는 기업은 구글이고 그다음이 마이크로소프트다. 정작 클라우드 사업 1위인 아마존은 순위에서 멀리 떨어져 있다. '오픈소스의 정의'에 따라 오픈소스를 사용하면서 반드시 사용량에 비례하는 기여를 해야 한다는 조건은 없으므로 아마존이 오픈소스 라이선스를 위반하는 것도 아니다. 아마존은 클라우드에 사용하는 오픈소스 유지나 추가 개발 및 수정을 직접하는 경향이 있는데 전문가들은 이를 '아마존의 리더십 원칙Amazon Leaderships Principles'이라고 부른다. 고객을 위해 필요한 모든 기술을 남에게 전가하지 않고 직접 해야 한다는 원칙 때문에 오픈소스에 대해서도 커뮤니티에 맡기는 것이 아마존의 리더십 원칙에는 책임 전가로 보여져서 꺼린다는 것이다. 참고로 아마존 리더십 원칙 두 번째 '책임의식Ownership'에서는 "They never say that's not my job"이라는 표현이 있다. 일리가 없진 않지만 그렇다고 오픈소스에 기여를 하지 않는 정당한 이유라고 하기엔 어딘가 어색하다.

아마존보다 클라우드 점유율이 낮은 구글과 마이크로소프트는 오픈소스에 상당한 기여를 하고 있다. 기여는 결국 돈이다. 많은 직원이 참여해야 하고 여러 오픈소스 행사나 프로그램에 후원을 하기도 한다. 헌데 이렇게 투자하는 오픈소스를 아마존이 사용하면서 점유율 1

위를 하고 있으니 내가 구글이나 마이크로소프트 책임자라면 그냥 보고만 있을 수는 없을 것 같다. 그러던 중 2018년 10월 오픈소스 스타트업 유니콘 기업인 몽고DB에서 이슈가 터졌다. 몽고DB는 오픈소스로 누구나 정의된 라이선스를 준수하며 사용할 수 있다. 하지만 몽고DB는 자체적으로 새로운 라이선스 SSPL Server Side Public License을 만들어 공개하면서 향후 자사의 모든 오픈소스에 SSPL 라이선스를 적용한다고 발표했다. 당시 몽고DB에서 변경 필요성을 강조하며 strip-mining이라는 비유로 클라우드 사업자들이 오픈소스를 무작위로 이용해서 막대한 수익을 얻고 정작 오픈소스 발전에는 기여하지 않는 부분을 문제로 제기했다. 현재도 몽고DB는 SSPL 라이선스를 유지하고 있고 이후 여러 클라우드 관련 오픈소스 기업들도 SSPL 또는 유사한 신종 라이선스로 변경했다. 이후 2019년 뉴욕타임스는 구글, 마이크로소프트가 아닌 업계 1위 아마존을 비난하는 기사를 발표했다. 몽고DB에서 말한 'strip-mining'은 클라우드 사업자가 자신의 이익을 위해 오픈소스 생태계를 파괴하고 있다는 문제 제기였다. 이후 아마존은 오픈소스에 참여와 투자를 늘렸다.

 오픈소스를 이용한 막대한 수익이 가능해지면서 기업들은 오픈소스 기술력과 경쟁력, 인력과 외부 협력의 투자를 지속적으로 늘려가고 있다. 내가 공짜로 오픈한 오픈소스로 남이 돈 버는 걸 더 이상 두고 보지만은 않는다. 오픈소스가 기업의 수익이 된 이상 오픈소스를 둘러싼 기업 간 기술 전쟁은 격화되고 투자는 확대되며 결국 오픈소스의 힘은 더욱 강해진다.

 엘라스틱Elastic이 오픈소스로 돌아왔다. 몽고DB와 마찬가지로 아마존과의 갈등으로 라이선스를 변경하고 오픈소스 진영을 떠난 지 3년

만의 희소식이다. 앞으로 엘라스틱은 오픈소스 이니셔티브Open Source Initiative[1]와 협력하여 오픈소스 생태계에 더 많은 기여를 위해 노력하겠다고 밝혔다.

> "우리는 한 번도 오픈소스에 대한 믿음을 멈춘 적이 없다. 우리는 단지 아마존과의 마찰로 시장에서 발생하는 혼란과 문제를 해결하기 원했고 고통스러웠지만 지난 3년간 아마존은 포크fork(오픈소스 복제 버전)에 적극 투자했고 시장 혼란은 대부분 해결되었으며 아마존과의 파트너십도 그 어느 때보다 강력해졌다."

엘라스틱은 어수선한 시장 구도와 기업과의 관계를 재정립하고자 잠시 오픈을 닫고 숨고르는 시간을 가졌다고 볼 수 있다. 그리고 찾아낸 해답은 '다시 오픈'이었다. 오픈의 세상에서 당기는 힘, 그리고 오픈으로 나아가려는 힘 양방향 모두 매우 강해지는 형국이다. 아마존의 오픈소스 기여를 높인 것도 그리고 엘라스틱을 다시 오픈소스로 복귀시킨 것도 같은 힘의 원리다.

---

1 오픈소스 소프트웨어의 개발과 사용을 장려하고 오픈소스의 정의를 제공하며 그 정의에 부합하는 소프트웨어에 대해 '오픈소스'라는 인증을 부여하는 비영리단체.

여러분, 나 오늘 회사에서 잘렸어요

AI 도입은 특히 IT 분야 기업의 인력 감축으로 이어지고 있다. 세계 IT 시장을 주도하는 구글, 아마존, 마이크로소프트, 애플 같은 기업의 직원 해고 기사가 최근 자주 등장한다. 회사 실적은 상대적으로 개선되고 있고 앞으로의 성장 기대감도 높아 주식시장도 상승세다. AI가 회사의 실적과 사업 전망을 개선하고 있지만 동시에 인력은 줄여야 하는 아이러니한 상황이다. 나이와 직급을 막론하고 스스로 자진해서 나가는 게 아니라 회사에서 일방적으로 통보를 받는 소위 '잘린다'는 건 슬프고 속상한 일이다. 우리가 SNS에 공유하는 대부분의 소식은 남에게 자랑하고 싶은 것들이다. 차를 사거나 남들이 가보지 못한 여행지를 다녀왔거나 누구나 먹어보고 싶어 할만한 음식을 올린다. 물론 소소한 일상을 올리는 경우도 있지만 속내는 '나 이 정도면 좀 괜찮지 않나' 하는 은근슬쩍 자랑하고 싶은 내면의 허세가 작동한다.

이에 반해 정리해고는 달가운 소식은 아니다. 그동안 회사에서 인정받고 뛰어난 실적이 있었음에도 결과적으로 회사에서 당신이 하는 일이 가치가 없고 그러니 당신도 필요 없다고 전하는 게 정리해고다. 그런데 최근 SNS에 정리해고를 당했다고 올리는 글이 상당히 많아졌다. 정리해고를 맘 졸이며 기다리는 과정, 정리해고 통보를 받고 슬퍼하는 모습 등 안타까운 영상이 유튜브나 틱톡에 넘쳐난다. 지금도 정리해고layoff로 검색하면 수많은 영상을 볼 수 있다. 이들 중 대부분이 MZ세대다. 그들은 왜 자신의 불행을 모두에게 오픈하는 걸까. 오픈과 공유가 단순한 자랑이 아니라 이젠 삶의 한 부분이 된 시대 변화의 단면이라고 나는 해석한다. MZ세대를 '신 디지털 인류'라고도 부른다. 디지털 환경 속에서 성장하며 자연스럽게 인터넷, 스마트폰 등에 익숙하다. 익숙함을 넘어 몸의 일부다. 스마트폰을 통해 정보를 습득하고 언제 어디서 누구와도 온라인으로 소통하는 삶에 익숙하다. 혼자 있어도 혼자가 아니다. 그들에게 온라인을 통해 자신의 것을 오픈하고 공유하는 것은 특별한 행위가 아니라 삶의 일부다. 오픈해야 하는 것과 오픈하지 말아야 하는 것의 구분이 흐릿하다. 타인의 시선도 크게 개의치 않는다. 그들에게도 정리해고는 슬픈 일이지만 그렇다고 온라인을 통해 자신의 상황을 숨길 필요는 없다.

오픈 문화에 익숙한 세대는 조금씩 사회 중심으로 성장하고 있다. 지금의 MZ세대가 부모로 성장하고 그들의 가정에서 자라날 자녀들은 디지털에 더 가까울 것은 당연하다. 오픈의 힘이 기술 분야를 넘어 정치, 경제, 문화 등 사회 전반으로 확대될 분명한 이유다. MZ에게 오픈은 일상의 삶이지 딱히 고민하고 심사숙고해야 하는 어려운 것들이 아니다.

오픈소스
어디까지 가봤니?

1969년 7월 21일 아폴로 11호가 달에 착륙한 지 반세기도 더 지났다. "이것은 한 명의 인간에게는 작은 발걸음이지만 인류에게는 커다란 도약이다." 닐 암스트롱이 달에 첫발을 내딛으며 했던 유명한 말처럼 실제 커다란 도약이 현실로 일어나고 있다. 우리에게는 2008년 대한민국 첫 우주인 이소연 씨를 통해 우주에 대한 관심과 상상이 더욱 커졌다. 테슬라 CEO 일론 머스크가 창립한 스페이스X$_{SpaceX}$에서 우주선을 발사하는 모습을 종종 볼 수 있다. 우주는 더 이상 하늘 위의 막연한 공간이 아니다.

   나는 항공우주 전문가가 아니라 정확하지는 않지만 아폴로 11호 내부 동작이나 기능을 조정하기 위해서는 소프트웨어가 필요했을 것이라 생각했다. 어떤 소프트웨어가 사용되었는지는 정확히 알 수 없으나 아마도 반세기 전 소프트웨어는 그리 대단하지 않았을 것이라 짐작한다. 스페이스X에서 우주선을 발사하는 장면은 유튜브에서 볼 수 있다. 특히 조종사가 우주선을 제어하는 화면도 인터넷이나 SNS를 통해 볼 수 있는데 터치스크린으로 다양한 제어를 하는 모습이 흥미롭다. 우리가 스마트폰을 사용하는 것과 흡사하다. 그렇다면 매일 사용하는 스마트폰에 사용하는 소프트웨어가 우주선에도 사용되는 게 아닐까 생각했는데 결론부터 말하면 그렇다. 현재 스페이스X에서 우주로 쏘아 올려 운영 중인 위성에는 리눅스가 사용되고 있다. 또한 기기를 제어하기 위해 사용하는 터치스크린에는 구글이 개발하여 오픈한 크로미엄이 사용됐다. 우리가 사용하는 스마트폰과 동일한 종류의 오픈소스가 사용되는 것이다. 물론 우주선과 스마트폰에 사용되는 소프트웨어가 정확히 같은 것은 아니다. 동일한 오픈소스 소프트웨어를 사용하더라도 스마트폰은 스마트폰에 필요한 기능을 개발하여 적용하는 것이고, 우주선은 우주선에 필요한 기능을 개발하여 사용한다. 하지만 분명한 건 스마트폰도 우주선도 오픈소스로 동작하고 있다는 점이다. 소프트웨어 시장이 손안에서 저 멀리 우주까지 확대된 것이다. 우리 주변에 안드로이드 스마트폰을 개발하는 개발자가 우주선을 개발하는 개발자가 될 수 있다는 의미이기도 하다.

매년 산업계의 오픈소스 동향을 발표하는 〈시놉시스 오픈소스 분석 보고서〉 통계에 따르면 2020년 인터넷, 소프트웨어뿐만 아니라 반도체, 우주, 에너지 등 17개 산업 분야에서 사용되는 소프트웨어 중 평균 60% 이상이 오픈소스 소프트웨어가 사용되고 있다고 한다. 4년 전 통계이므로 현재는 더 많은 비중을 차지하고 있을 것으로 예상한다. 2023년 정보통신산업진흥원NIPA에서 발행한 보고서에서도 국내 기업 10개 가운데 6~7개가 오픈소스 소프트웨어를 도입한 것으로 나타났다.

　오픈소스의 사용 범위가 우주선을 넘어 어디까지 확장될지 사뭇 기대된다. 분명한 건 소프트웨어가 사용되는 모든 영역에서 우린 오픈소스를 반드시 보게 될 것이라는 점이다. 동시에 산업과 일자리가 생겨나고 오픈소스에 대한 기업의 투자는 지속적으로 증가할 것이며 결국 오픈의 힘을 더욱 강하게 하는 중요한 에너지원으로 작용할 것이다.

셋방살이에서 독립

IT 관련된 분야에 있는 사람들은 가트너 보고서를 한 번쯤은 보거나 들은 적이 있을 것이다. 매년 전 세계 기술 분야의 최신 트렌드를 조사하여 발행하는 대표적인 기술 보고서이며 관련 분야에서는 향후 기술 변화를 미리 가늠하여 사업 방향이나 연구개발 전략을 수립하는 데 적극 활용하고 있다. 2000년 후반에는 오픈소스 분야가 보고서에서 다루는 수십 가지 기술 중 하나로 포함되어 있었다. 예를 들면 클라우드 성장이 한창이던 2000년 후반에는 '오픈소스 클라우드 기술' 같은 것들이 보고서에 등장했고, 사물인터넷IoT이 새로운 산업으로 각광받던 2010년도에는 '오픈소스 IoT 기술'이 나타났다. 당시 오픈소스는 독자적인 산업 분야로 인식되기보다는 시대의 중심이 되는 분야와 관련된 주변 여러 가지 중 하나로 취급되었다. 2016년 가트너는 〈가트너 오픈소스 소프트웨어 기술Gartner Hype Cycle for Open-Source Software〉이라는 별도의 보고서를 발행했다. 그만큼 과거에 비해 오픈소스가 산업에서 차지하는 기술 비중과 중요도가 성장했고 오픈소스 자체로 하나의 산업 분야를 구축했다는 의미로 해석된다. 가트너처럼 세계적인 동향 보고서를 발행하는 기업들은 1년간 전 세계 수많은 사람을 인터뷰하고 자료를 조사하여 보고서를 개발하고 비싼 값에 판매하여 수익을 얻는다. 그렇기에 소비자들이 기꺼이 대가를 치르고 구매할 수밖에 없는 기술을 엄격히 선별하여 발행한다.

맥킨지라는 컨설팅 회사도 많이 들어 익숙하다. 맥킨지앤드컴퍼니McKinsey&Company는 기업에 컨설팅을 제공하는 대표적인 기업이다. 자체적으로 기술을 개발하여 판매하는 기업이 아님에도 2023년 9월 '맥킨지 오픈소스 생태계McKinsey Open-Source Ecosystem'라는 오픈소스 프로젝트를 발표했다. 맥킨지는 소프트웨어 개발의 글로벌 주류 방식으로 자리잡은 오픈소스를 통해 기업의 소프트웨어 활용을 돕기 위한 목적으로 생태계를 직접 구축했다. 기존 전통적으로 제공하던 컨설팅 서비스로는 오픈소스 소프트웨어의 복잡하고 빠른 변화의 요구사항을 충족시키기 어려웠을 것이다. 또한 오픈소스를 통해 새로운 형태의 비즈니스 기회를 창출하고자 하는 목적도 예상해볼 수 있다. 오픈소스와는 거리가 멀 것 같은 컨설팅 기업이 자신의 깃허브에서 직접 오픈소스 생태계 구축에 나선 행보가 주목된다. 또한 다른 컨설팅 경쟁사의 반응과 대응도 지켜볼 만하다.

AI 해자는 없다

"검색의 시대는 끝났다."

카이스트 김대식 교수가 유튜브에서 강조한 말이다. 궁금한 건 네이버나 구글에서 검색한다. 검색 초기에는 주로 궁금증을 해소하는 역할을 했지만 이제는 실생활에 필요한 것을 찾고 돕는 역할을 한다. 집에 오는 손님을 위해 요리법을 검색하고 가고 싶은 여행지와 먹고 싶은 음식점을 검색하는 건 이제 일상이다. 삶에 필요한 모든 정보를 검색으로 찾을 수 있다. 최근 검색의 자리가 AI에 의해 위협받고 있다. 검색은 사용자가 인터넷에 입력한 검색어와 연관된 정보의 주소를 전달하고 사용자는 직접 클릭하며 원하는 정보를 찾는다. 원하는 정보를 찾을 때도 있지만 그렇지 못하는 경우도 많다. 특히 너무 많은 검색 결과는 어디부터 확인해야 할지 고민해야 하는 선택에 대한 피로를 유발한다. 정보의 홍수 시대에 수많은 검색 결과 대신 내가 원하는 정보를 알아서 정리하여 알려주면 좋겠다는 생각을 자주 한다. 생성형 AI-Generative AI, GenAI가 대안으로 떠올랐다. GenAI는 사용자가 검색한 질문에 관련된 정보를 찾아 확인하고 분석한 후 자신이 가지고 있는 지식까지 보태어 통합한 결과를 '스스로 생성'하여 사용자에게 전달한다. GenAI 는 수많은 검색 결과를 늘어놓지 않는다. '여행지' '근처 맛있는 식당' '저렴한 여행 상품' 같은 사용자 질문에 "당신에게 적합한 여행지는 OOO이고 그곳에는 OOO 식당의 음식이 맛있으니 꼭 가기를 추천하며 가장 저렴한 여행 상품은 OOO에서 구매할 수 있습니다"라고 알려준다. 검색을 위한 수많은 클릭이 필요 없다. 또한 GenAI가 주는 결과는 스스로 생성한 것이므로 기존 검색으로는 찾을 수 없는 정보다.

 GenAI에게 원하는 정보를 얻으려면 '대화의 기술'이 필요하다. 사람 사이 대화도 그렇듯 AI에게도 질문을 잘해야 좋은 답을 얻을 수 있다. 이를 프롬프트 엔지니어링prompt engineering이라고 하는데 대화창을 통해 텍스트나 음성으로 AI와 대화하는 기술이다. 검색에서 서치search라고 할 수 있으며 AI 시대에 질문의 중요성은 더욱 커졌다. 질문과 함께 또 하나 중요한 부분은 GenAI가 생성한 답을 잘 구분하는 것이다. GenAI는 자신이 학습한 데이터를 바탕으로 지식을 만든다. 즉, 학습한 데이터의 성격에 따라 지식은 편향적일 수 있고 부정확할 수 있다. 따라서 질문에 대한 답이 사실이 아닐 가능성이 있는데 이를 할루시네이션hallucination(환각현상)이라고 한다. 할루시네이션은 AI 시대에 심각한 사회문제로 대두되고 있으며 전 세계가 해결책을 모색하고 있다. 이 책을 쓰면서 나는 참고자료를 찾기 위해 GenAI에게 "오픈의 성격을 잘 설명하는 서적을 추천해줘"라고 질문했고 여러 권의 책을 알려 줬다. 그중 몇 권은 직접 사서 읽어보려고 온라인 서점에 제목을 입력 했지만 찾을 수 없었다. 물론 인터넷 검색을 통해서도 결과는 마찬가지였다. 그 책들은 GenAI가 스스로 생성한 세상에 없는 가짜 책이었다. 할루시네이션은 아니지만 GenAI는 틀린 답을 하는 경우도 있다. 특히 초기(지금도 아직 해결해야 할 부분이 많지만) 사용자에게 알려준 답이 과거 정보여서 논란이 있었다. "2024년 현재 미국 대통령은 누구지?"라는 질문에 "미국 대통령은 도널드 트럼프 입니다"라거나 또는 "UEFA 유로 2024 우승국은 어디지?"라는 질문에 "우승국은 이탈리아 입니다"라는 식의 답을 하는 이유는 GenAI가 최신 정보를 학습하지 못했기 때문이다. 이탈리아는 4년 전 우승국이며 지난 7월 스페인 우승으로 끝난 UEFA 정보까지는 AI가 아직 학습하지 못했다.

선거철에 많이 듣는 '팩트 체크'가 AI 시대에 필수다. 팩트 체크를 위해 후보들은 자신의 공약을 오픈하고 적극적으로 대중에게 설명한다. 오픈하지 않은 공약은 공신력이 없고 후보의 경쟁력을 떨어뜨린다. 스스로 체크하는 팩트도 의미 없다. 오히려 대중의 불신만 키울 뿐이다. 기업은 데이터의 정확성과 최신성 그리고 투명성을 높여 자신의 AI 기술이 안전하고 신뢰할 수 있음을 주장하고자 노력한다. 가짜 정보와 틀린 결과를 생성하는 AI 기술은 살아남을 수 없다. 요즘 AI 관련 학회는 논문 제출 시 연구에 사용한 데이터를 반드시 함께 제출하도록 한다. 데이터를 확인하지 않고서는 논문 결과를 신뢰할 수 없기 때문이다.

지난 3월 현재 미국 공화당 부통령 후보인 J.D. 밴스ᴊ.ᴅ. ᵥₐₙcₑ는 소셜 미디어를 통해 AI의 투명성을 강조하며 해답으로 '오픈소스'를 언급한 바 있다. "AI와 관련된 위험이 분명히 존재합니다. 가장 큰 위험 중 하나는 편향적인 사람들이 AI를 이용하여 정보 경제의 모든 부분에 좌파 성향을 주입하는 것입니다. 구글의 GenAI인 제미나이$_{Gemini}$는 정확한 역사를 제공할 수 없습니다. 챗GPT는 대량 학살 개념을 홍보합니다. 해결책은 오픈소스입니다." 또한 최근 메타의 CEO 마크 주커버그는 생성형 AI 기술인 라마 3.1 버전을 발표하며 자사 홈페이지를 통해 "오픈소스 AI는 앞으로 나가야 할 길입니다"라고 강조했다.

"우리에게 해자는 없다"

작년 5월 구글의 개발자 노트가 외부로 공개되어 알려졌다. 핵심 내용은 구글과 오픈AI 모두 자신만의 AI를 지켜줄 해자$_{moat}$(성을 지키기 위해 둘레를 파 설치한 구덩이)는 없고 이미 오픈소스가 해자를 무너뜨리고 있다는 것이다. 또한 지난 6월에는 구글과 오픈AI 전현직 직원들이 'AI 발전에 대한 경고문'이라는 성명서를 발표하며 기업 내부에 감추어진 AI 위험성과 우려를 외부에 오픈하고 공개적인 비판 문화를 통해 AI를 안전하게 발전시킬 것을 촉구하고 나섰다. AI가 인류에 미칠 영향을 특정 기업만이 아니라 대중에게 오픈하여 함께 해결하자는 것이다.

 새로운 AI 시대, 시장은 투명성을 요구하고 기업은 더 똑똑한 AI를 위해 끊임없이 데이터를 갈구하고 있다. AI 발전은 인터넷에 오픈된 데이터 없이 불가능하며 오픈의 힘이 지속적으로 강해질 수밖에 없는 이유다. 물론 검색도 인터넷에 오픈된 정보가 없다면 유명무실하긴 마찬가지. '트민남 트민녀'라는 신종어처럼 AI는 사용자와 더 가까워지기 위해 최신 트렌드에 민감해야 한다. 사용자의 질문에 트렌드가 지난 정보를 생성하여 알려주는 서비스는 살아남을 수 없다. GenAI는 '뇌색남 뇌색녀'가 되기 위해 집요하게 사용자에게 다가와 그들의 곁에 머무르며 원하는 것을 알아내려고 끊임없이 노력할 것이다.

제한적인 오픈 범위, 제약적 라이선스 등 '오픈소스 AI'에 대한 비판적 시각도 있다. 시작은 언제나 불완전하다. 오픈소스 소프트웨어도 그랬다. 아직은 '오픈소스 AI'가 초기 단계이므로 글로벌 기업과 개발자들이 어떻게 구체화하는지 오픈의 시각에서 눈여겨봐야 할 관전 포인트다.

4
오픈은 순수하지 않다

오픈의 힘이 강해지면서 '오픈소스의 변질'이라는 표현은 기사의 단골이 됐다. 변질은 성질이나 상태가 달라지는 것을 의미하며 긍정적인 면과 부정적인 면을 모두 가지고 있다. 긍정적인 측면에서 변질은 새로운 것을 만들어내는 데 기여한다. 예를 들어 음식이 썩는 과정에서 새로운 효과가 나는 물질이 만들어지기도 하고 생태계 순환에 중요한 역할을 하며 동식물이 죽은 후에는 분해되어 다시 자연으로 돌아간다. 부정적인 측면에서 변질은 손실이나 피해를 야기할 수 있다. 음식이 썩으면 먹을 수 없게 되고 건물이나 기계가 부식되면 사용할 수 없게 된다. 그렇다면 오픈에서의 변질은 긍정적인 의미일까 아니면 부정적인 의미일까. 예상했겠지만 부정적인 측면이 크다. 결국 변질이라는 표현으로 주장하고 싶은 건 오픈소스가 초심을 잃었다는 것이다.

공짜 소스로 만든 솔루션을 사용료를 받고 팔거나 M&A를 통해 큰 수익을 얻었다는 소식이 변질의 대표적 사례다. 무료로 사용하던 소프트웨어를 돌연 유료로 변경하는 것, 외부 개발자 참여에 대한 자격을 까다롭게 하거나 코드 기여에 대한 프로세스를 강화하는 등의 대응에 대해서도 변질이라는 지적은 어김없이 등장한다. 그렇다면 실제로 오픈소스의 질이 변했는가. 예전보다 오히려 참여하는 기업과 개발자가 늘어나고 사용하는 분야가 확대되고 있는데 이걸 변질이라고 하는 것이 맞을까. 질적인 측면으로만 보면 오픈소스는 과거에 비해 상상할 수 없을 만큼 높아졌다. 수많은 기업이 독자 개발하던 소프트웨어를 포기하고 오픈소스로 전환하는 이유도 오픈소스의 우수한 품질 때문이다. 그렇기에 오픈소스의 변질은 정확한 표현이라 할 수 없다. 오픈소스의 사회적 인식과 경제적 중요성이 시대의 흐름에 맞춰 발전적인 방향으로 변하는 것이므로 변질이 아니라 '변화'라고 해야 맞다. 여전히 오픈소스가 변질됐다고 주장하는 사람은 시대가 변해도 오픈소스는 항상 과거의 모습이어야 한다고 생각하는 것 같다. 마치 도시 사람이 가끔 시골을 찾을 때 던지는 "시골 같지 않다"는 실상을 모르고 하는 말과 흡사하다. 시골이라고 해서 예전 그대로 머물러 있어야 할 이유는 없다.

시대와 산업 그리고 문화와 인식의 변화에 맞춰 옛것과 새것은 균형감을 유지하며 끊임없이 발전해야 한다. 도시와 시골이 그렇고 기업과 개발자 생태계가 그렇다. 만약 오픈소스가 시대에 따라 변하지 않았다면 지금과 같은 성장과 역할은 불가능했다. 오픈소스는 지금 이 순간에도 변하고 있고 또 계속 변해야 한다. "오픈소스답다"라는 말은 오픈소스 본연의 원칙과 가치를 지키면서 동시에 시대 변화를 적극 수용하며 성장해야 한다는 의미다. 성장 과정에는 주변에서 '변했네' '달라졌네' 하는 말을 들을 수 있다. 이전보다 성장했기에 당연히 변하고 달라졌다. 하지만 그 말 뒤에는 뭔지 모를 비아냥도 포함되어 있다. 그렇다고 성장을 멈추거나 포기할 수는 없다. 성장은 건강하게 살아 있다는 반증이기 때문이다.

전통을 존중하지 않고 혁신만 존중한다

시가총액 1위 마이크로소프트는 제2의 전성기를 누리고 있다. 무엇이 혁신을 가능하게 했을까. 소프트웨어를 몰라도 컴퓨터를 켜면 나오는 창문 모양의 윈도우 로고를 모르는 사람은 거의 없다. 윈도우는 수십 년간 마이크로소프트의 독점적인 수입원이었다. 여기서 '수입원이었다'라고 표현한 이유가 있다. 2001년 마이크로소프트 CEO 스티브 발머는 이렇게 말했다.

"리눅스는 지적 재산권 측면에서 모든 것에 붙어 있는 암이다."

리눅스는 많은 사람이 아는 대표적인 오픈소스다. 리눅스를 기술적으로 몰라도 펭귄 로고는 본 적이 있을 것이다. 그 펭귄이 리눅스의 마스코트다. 턱스$_{Tux}$라는 이름의 펭귄은 리눅스를 처음 만든 리누스 토발즈 아이디어로 알려져 있다. 토발즈가 펭귄을 좋아해서 로고로 생각했고 배가 통통한 모습에 편안한 자세로 귀엽고 사랑스럽게 만들고 싶어 지금의 마스코트가 되었다. 리눅스는 오픈소스이므로 누구나 무료로 사용할 수 있다. 리눅스는 마이크로소프트에 잘못한 것이 없다. 그렇다고 리눅스가 마이크로소프트의 소프트웨어들을 오염시키거나 나쁜 영향을 미친 것도 아니다. 어차피 마이크로소프트는 자신의 서비스에 리눅스를 사용하지 않기 때문에 서로 남이다. 그런데 왜 가만히 있는 리눅스를 암 같다고 했을까. 그로부터 십수 년이 지난 2014년 어느날, 마이크로소프트 CEO 사티아 나델라는 이렇게 말했다.

"마이크로소프트는 리눅스를 사랑합니다."

전에는 암 같다고 하더니 이제 와서 뜬금없는 사랑 고백이라니 어처구니 없는 변덕이 아닐 수 없다. 그렇다면 2001년 당시 리눅스는 암 같은 상태였고 십수 년이 지나 2014년에는 암이 치료되어 건강한 리눅스가 되었다는 의미인가. 물론 지난 십여 년 동안 리눅스는 많은 발전을 이루었다. 특히 구글이 주도하는 안드로이드에 리눅스는 기본 운영체제다. 또한 삼성전자의 TV, 가전제품에 사용하는 타이젠Tizen 소프트웨어 플랫폼의 운영체제도 리눅스다. 그 외에도 여러 분야에서 리눅스는 중요한 역할을 하며 발전하고 있다. 그렇다고 2000년대에 리눅스가 아프거나 문제가 있었던 것은 아니었다. 당시에도 전 세계 수많은 개발자들이 협업하며 소프트웨어 시장에서 중요한 역할을 하고 있었다. 그럼 과거 CEO는 소프트웨어 중요성을 이해하지 못했고 지금 CEO는 소프트웨어를 중시해서 그럴까. 마이크로소프트처럼 글로벌 기업 CEO가 개인적인 감정과 즉흥적인 생각으로 공개적인 입장을 발표할 리는 절대 없다. CEO의 공식 발표는 기업 방향성과 지향점에 대한 분명한 메시지다. 그렇다면 왜 마이크로소프트는 암 같다고 했던 리눅스를 사랑하게 되었을까. 그것은 오픈소스에 대한 마이크로소프트의 사업적 중요성과 시장의 구도가 달라진 데서 그 이유를 찾아야 한다. 한마디로 과거에는 마이크로소프트 수익에 방해되던 리눅스가 지금은 도움되기 때문이다. 그것도 공개적으로 구애를 할 만큼 아주 아주 많이.

2001년 마이크로소프트로 돌아가보자. 당시 마이크로소프트 최대 수입원은 윈도우 운영체제와 그 위에서 동작하는 오피스(워드, 액셀, 파워포인트 등) 제품이었다. 당시 PC가 기하급수적으로 확대되며 모든 컴퓨터에 윈도우와 오피스가 설치됐다. 당시 컴퓨터에는 윈도우와 오피스가 이미 설치되어 있어서 컴퓨터 판매 회사에서 개발한 것으로 생각한 사람도 많았다. 그만큼 PC에서 윈도우는 독점적이었고 그 위에서 모든 문서 작업은 마이크로소프트 오피스를 사용했다. 윈도우와 오피스는 오픈소스가 아닌 마이크로소프트 소유의 유료 소프트웨어다. 당연히 마이크로소프트에서 판매하는 것이고 PC가 전 세계로 판매되는 만큼 윈도우와 오피스로 막대한 수익을 얻었다. 마이크로소프트 제1의 전성기였다.

당시 90년도 후반에 '자유 소프트웨어Free Software'라는 이름의 활동이 있었다. 이름에서 볼 수 있듯이 소프트웨어에 자유를 줘야 한다는 것이다. 소프트웨어는 산업에 있어 공공재와 같아서 특정 기업이 독점하면 사회와 산업에 무익하고 위험하다고 주장하며 개발자 호응을 얻고 있었다. 이때 특정 기업으로 언급된 기업이 바로 마이크로소프트이며 독점 소프트웨어가 윈도우였다. 따라서 자유 소프트웨어 비영리 단체는 무료인 리눅스 운영체제를 확산시키고자 노력했고 다방면으로 리눅스 오픈소스 발전에 지원하고 있었다. 이와 같은 움직임은 마이크로소프트에게는 반가운 상황은 아니었다. PC 호황과 함께 자신의 유료 소프트웨어인 윈도우를 독점적으로 많이 사용해야 수익이 증가하고 그 위에서 오피스를 사용하는 소비자가 동시에 증가하며 더 많은 수익을 얻을 수 있다. 만약 리눅스가 확대되어 리눅스 사용 컴퓨터가 많아지면 윈도우 판매가 감소할 것이고 자연히 오피스 판매도 감소하는 것이다. 당시를 돌아보면 리눅스를 사용하는 컴퓨터에서 사용하는 무료 오피스가 있었다. 마이크로소프트 사업 측면에서 보면 리눅스는 사업을 방해하는 암 같은 존재임에 틀림없다. 우리 몸에 암세포가 퍼지면 결국 생명을 위협하듯이 소프트웨어 시장에 리눅스가 퍼질수록 마이크로소프트는 위협을 받는다. 그렇기에 마이크로소프트는 리눅스를 암으로 규정했고 시장에서 제거하기 위해 최선을 다했다.

다시 2014년 마이크로소프트로 돌아오자. 2010년 소프트웨어 시장에 가장 큰 화두는 클라우드였다. 모든 자원이 서버에 모이고 인터넷에 연결된 컴퓨터는 전 세계 언제 어디서나 원하는 컴퓨팅을 사용할 수 있게 됐다. 이와 같은 큰 변화는 더 이상 가정마다 PC를 사용하는 환경에서 벗어나 소프트웨어 산업의 수익 모델도 빠르게 클라우드 사업으로 전환됐다. 마이크로소프트도 이와 같은 시장의 변화에 적응하기 위해 클라우드 사업에 집중 투자하기 시작했다. 그렇다면 2000년 초 마이크로소프트의 가장 큰 수익원이던 윈도우와 오피스 사업은 어떻게 됐을까. 결론부터 말하면 지금은 역사의 뒤안길로 사라졌다. 이유는 간단하다. 마이크로소프트 핵심 사업을 윈도우에서 클라우드로 전환했기 때문이다. 마이크로소프트는 더 이상 과거의 "리눅스는 암 같은 존재"라는 태도를 고수할 형편이 아니다. 이후 클라우드 제품명을 '윈도우 애저'에서 '마이크로소프트 애저'로 바꿨다. 더 이상 윈도우에 국한하지 않음을 명확히 밝혔다.

이제 마이크로소프트는 애저 클라우드로 수익을 창출해야 한다. 그 성공 여부에 회사의 존폐가 달려 있다고 해도 과언이 아니다. 당시 여러 매체에서 마이크로소프트 위기설이 나돌았다. 클라우드 사업 특성상 클라우드에 연결되어 사용하는 기기가 많아야 사용료를 통해 수익을 얻는다. 당시 클라우드 시장 최고 강자는 아마존이었다. 온라인 서점 사업으로 시작한 아마존은 클라우드 시장에 가장 빨리 뛰어들었고 인프라에 많은 투자를 통해 선두 기업으로 시장을 지배하고 있었다. 또한 구글도 태생부터가 인터넷 기업이기에 오래 전부터 클라우드에 많은 투자를 해오던 상황이다. 거기다가 아이팟과 아이폰을 출시하면서 애플은 자체 클라우드를 구축하여 사용자를 공격적으로 넓히고 있었다. 마이크로소프트의 클라우드 사업 측면에서는 사방이 적인 셈이다. 클라우드 사업을 키우기 위해 마이크로소프트는 더이상 윈도우를 고집할 수 없다. 어떤 소프트웨어이든 최대한 많은 기기를 자신의 클라우드에 연결해야 했다. 특히 리눅스는 이미 많은 기기에서 사용하고 있으므로 마이크로소프트 클라우드는 리눅스를 최대한 끌어들여야 했다. 이제 리눅스는 마이크로소프트에 암이 아니라 없으면 죽는 피 같은 존재가 됐다.

공개적으로 리눅스를 사랑한다고 발표한 이후 마이크로소프트의 오픈소스에 대한 구애와 투자는 더욱 확대됐다. 세계 최대 오픈소스 비영리 단체인 리눅스 재단에 거액의 연회비를 내며 최상위등급 멤버로 가입했고 이후 오픈소스 개발자 행사에 마이크로소프트는 가장 많은 금액을 후원하는 기업에 이름을 올리고 있다. 이뿐만이 아니다. 마이크로소프트 개발자들은 다양한 오픈소스 프로젝트에 참여하며 현재는 오픈소스 활동을 가장 많이 하는 기업 중 하나로 자리매김했다. 2018년 마이크로소프트는 세계 최대 오픈소스 개발 도구이자 모든 오픈소스 개발자들이 사용하는 깃허브Github를 인수하기에 이르렀다. 당시 알려진 인수 금액은 75만 달러, 원화로 약 8조 원에 이르는 엄청난 금액이다. 당시 오픈소스 개발자들 사이에서는 결국 깃허브가 중립성을 잃고 마이크로소프트 특화 서비스가 될 것이라는 우려의 목소리도 있었지만 이후 마이크로소프트의 지속적인 개발자 소통과 오픈소스 활동을 통해 그러한 우려를 불식시켰다. 오히려 깃허브의 성능과 서비스가 개선되면서 사용자가 지속적으로 늘어나는 긍정적인 측면이 훨씬 크다는 것이 전문가의 견해다. 깃허브를 인수할 당시 사티아는 개발자로 시작하여 CEO까지 올라간 입지전적인 인물로 수년 전 이미 리눅스를 사랑한다고 고백까지 한 상태여서 어찌 보면 오픈소스 개발자들에게 미움을 조금 덜 받지 않나 생각한다. 여기서 오픈소스 진영에서의 사업은 소프트웨어 개발자로서 평판과 이미지도 매우 중요하다는 것을 실감했다. 2018년에 인수한 깃허브는 최근 생성형 AI에서 다시 등장한다. 특히 소프트웨어 개발자가 프로그래밍할 때 도움이 될 만한 코드를 깃허브에서 알아서 추천하는 코파일럿Copilot 서비스에 깃허브가 사용되고 있다. 챗GPT가 세상에 나온 것이 2022년 말, 그보다 약 4년 전 깃허브를 인수한 것은 신의 한 수가 됐다. 현재 마이크로소프트는 제2의 전성기를 맞아 더 많은 사랑을 오픈소스에 보내고 있다.

글로벌 기업 CEO가 하나의 주제에 대해 완전히 다른 말을 공식적으로 발표한다는 건 매우 이례적이다. 어찌 보면 마이크로소프트는 예전에도 아니 기업이 태생할 때부터 리눅스를 좋아했을지 모른다. 창업자 빌 게이츠가 "마이크로소프트는 소프트웨어가 부리는 마법에 대한 믿음을 바탕으로 설립됐습니다"라고 말했듯이 마이크로소프트는 태생부터가 소프트웨어 기업이고 그 속에는 리눅스에서 활동하고 기여하며 함께 동고동락한 동료들이 얼마나 많았겠는가. 기업은 이타적일 수 없다. 마이크로소프트의 리눅스 사랑과 오픈소스에 대한 투자와 지원도 이타적인 순수한 생각이라고 해석하면 안 되는 이유다.

경쟁에 신사협정은
소용없다

"여보, 목욕물 데워놨어요?"

"걱정하지 말아요, 그거 IoT 보일러가 다 알아서 해요."

TV 광고 속 부부의 대화다. 집에 켜고 나온 에어컨을 회사에서 끄고 거실에서 TV를 보며 안방 전등을 끄는 건 이제 놀랄 일도 아니다. 삼성 스마트싱스SmartThings는 가정에서 사용 중인 전기 소비량을 보여주어 전기료를 아낄 수 있게 도와준다. 우리 주변 기기들이 인터넷에 연결되어 동작하는 사물인터넷IoT 세상으로 삶에 점점 확대되고 있다.

오픈소스가 확대된 분야 중 대표적인 기술 분야는 사물인터넷이다. 2000년 초까지만 해도 IoT 서비스가 가능한 기기는 고가의 스마트 제품이었다. 거실에서 스마트폰으로 보던 영화를 스마트 TV를 통해 보고, 영화가 끝난 후 다시 스마트폰으로 서재에 있는 컴퓨터에 저장되어 있는 음악을 선택해서 거실 TV에 연결되어 있는 홈시어터 스피커로 음악을 듣는다. 가정에서 스마트폰, 디지털TV, 컴퓨터 세 개의 기기가 와이파이로 연결되어 동작하는 IoT 서비스의 대표적인 모습이다. 모든 기기가 고가이고 고성능 제품이다.

하지만 2000년 후반부터 IoT는 오픈소스 하드웨어/소프트웨어 확산으로 급속히 확대되었다. 먼저 가격이 몇십 달러 수준의 저렴한 오픈소스 하드웨어가 등장했다. 아두이노Arduino, 라즈베리파이Raspberry Pi 같은 신용카드 크기의 소형 컴퓨터가 대표적이며 와이파이와 블루투스 같은 무선 기술을 지원하고 소프트웨어를 설치할 수 있어 IoT 서비스에 참여하고 싶은 제품은 오픈소스 하드웨어를 구입하여 연결함으로써 서비스가 가능해졌다. 기존에는 컴퓨터나 TV 같은 제품을 만드는 회사에서 IoT 기능을 제품에 직접 탑재해야만 가능했던 것이 이제는 제품을 만들지 않던 회사들, 특히 소규모 회사들이 오픈소스 하드웨어에 IoT 기능을 올리고 스마트 제품에는 연결만 하는 방식으로 IoT 서비스가 가능해졌다. 동시에 IoT를 직접 지원하는 제품도 늘어나 스마트 라이팅, 스마트 냉장고와 세탁기, 스마트 도어, 스마트 보일러, 스마트 커튼 등 다양한 연결이 가능해졌다. 하지만 IoT 제품이 늘어나면서 새로운 제약이 생겨났다.

IoT 기기 개수만큼 설치해야 하는 앱

가정에서 사용하는 가전제품은 보통 여러 회사의 것들이 섞여 있다. 한 회사 제품만을 고집하는 경우도 있지만 일반적이지는 않다. 삼성의 모든 제품으로 IoT가 연결된 가정은 삼성에서 제공하는 앱으로 제어가 가능하다. 하지만 삼성이 아닌 회사에서 만든 조명을 구입하여 연결할 때는 삼성 앱으로 연결이 불가능하다. 해당 제조사에서 제공한 앱을 사용해야 한다. 겨울이 오기 전에 스마트 보일러를 구입하여 IoT에 연결하려고 하니 또 다른 앱을 스마트폰에 설치해야 했다. 결국 제조사가 다른 IoT 제품을 연결하면 할수록 스마트폰에 설치해야 하는 앱도 늘어났다. 제조사끼리 연합하여 앱을 통합하는 노력도 있기는 하지만 모든 기기를 연결하기에는 아직 넘어야 할 산이 높다.

제각각의 규칙들

제품을 만드는 회사가 다르다 보니 IoT 기기를 사용하는 앱의 규칙도 다르다. 스마트폰에서 TV 볼륨은 1부터 10까지 조정 가능하고 + 버튼을 한 번 누르면 1이 올라가고 - 버튼을 누르면 1씩 내려갔다. 하지만 다른 회사에서 만든 스피커의 볼륨을 조절할 때는 High/Low 버튼이 사용됐고 볼륨 범위도 1부터 50까지였다. 영화를 보기 위해 거실 조명 밝기를 줄이려고 하니 밝기가 1부터 20까지 가능하고 버튼은 Brightness/Darkness로 표현되어 있다. 엎친 데 덮친 격으로 거실에 IoT로 연결된 조명은 서로 다른 회사에서 만든 것인데 하나는 밝기가 1-20이고 다른 하나는 High-Mid-Low로 돼 있다. IoT 기술이 우리 삶을 불편하게 만드는 아이러니한 일이 발생하고 있었다.

과도한 기대

지금도 우리 주변 IoT로 연결된 제품은 생각보다 눈에 띄지 않는다. 실제로도 여전히 특정 제품들만 IoT가 가능하다. 많은 기업의 전략적 홍보와 광고로 소비자는 모든 기기가 연결된다고 과도하게 기대하게 되었다. 하지만 실제로 사용하려 할 때 연결 안 되는 기기가 많고 또 어렵게 연결해도 복잡한 사용으로 실망하는 경우가 많다. 결국 IoT 자체에 대해 부정적으로 생각하게 되어 시장이 형성되지 못하는 위기까지 이르렀다.

 IoT 시장에서 발생하는 제약을 해결하기 위해 가장 시급한 건 기업들이 함께 약속하고 지키는 기술표준을 정하는 것이었다. 하나의 기술이 정해져야 참여하는 기업이 자사의 제품에 적용하여 서로 연결되도록 하는 것이다. 결국 지금까지 회사들이 제각각 개발한 소프트웨어를 통합하는 것이 핵심이었다. 기업들은 '오픈'에서 해답을 찾고 각자 개발하던 소프트웨어를 오픈소스에 기여하여 통합함으로써 하나의 IoT 오픈소스 소프트웨어를 개발하기 시작했는데, 2013년 12월 가장 먼저 올씬 얼라이언스AllSeen Alliance 오픈소스 프로젝트가 출범했다. 올씬 얼라이언스는 퀄컴, 소니, 파나소닉, LG, 하이얼, 시스코 등 수십여 기업이 설립했고 전 세계 오픈소스 개발자들이 참여하도록 오픈소스 운영 전문 단체인 리눅스 재단에서 프로젝트 운영을 맡았다. 이후 올씬 얼라이언스는 적극적으로 회원사를 유치하며 IoT 시장을 공격적으로 확대했다. 하지만 몇몇 기업은 이런저런 이유로 참여를 망설이고 있었는데 그중 하나가 오픈소스 프로젝트에 사용하고 있는 라이선스 때문이었다. 올씬 얼라이언스가 사용하는 라이선스는 ISCInternet Systems Consortium이었다. ISC는 소프트웨어 저작권자에게는 최소한의 의무만 부과하고 사용자에게는 최대한의 자유를 부여하는 매우 간단하고 효과적인 오픈소스 라이선스로 개발자에게도 잘 알려져 있었다. 하지만 미래 IoT 시장을 고려할 때 한 가지 애매한 부분이 있었는데 바로 특허권이었다. IoT는 인터넷이 연결되는 모든 기기에 탑재

될 것이며 미래에는 어떤 새로운 기기가 등장할지 알 수 없는 상황이었다. 미래 가능성이 무궁무진한 시장이므로 여기에 사용될 오픈소스는 특허가 없는 라이선스가 적합하다는 것이 참여를 꺼리는 기업들의 목소리였다. 만약 오픈소스에 특허가 발견되면 기업 간 불필요한 마찰이 생길 수 있어 사전에 해소하자는 취지였다. 당시 대안으로 제안된 오픈소스 라이선스는 Apache 2.0이었다. Apache와 ISC 모두 오픈소스에서 많이 사용하는 라이선스로 차이점은 특허권에 대한 명시 여부에 있었다. Apache 라이선스에는 명확하게 "오픈소스에 기여하는 코드와 관련된 특허는 무상으로 허락한다"라는 부분이 있는데 ISC에는 없다. 그렇다고 ISC 라이선스가 오픈소스 특허권을 인정한다는 의미도 아니어서 당시 참여하는 기업들은 특허를 주장하지 않겠다는 신사협정_{Gentleman's Agreement}을 맺음으로써 ISC 라이선스가 적시하지 않은 부분을 보강하고자 했다. 하지만 IoT 시장의 무한 확장 특성을 고려하면 시작부터 최대한 명확한 것이 좋다고 기업들은 생각했다. 그렇다면 올씬 얼라이언스에 참여하지 않은 기업들은 어떻게 IoT 시장을 대응할 것인가 고민이 깊어졌다. IoT의 시장 특성상 하나의 기업이 시장을 형성할 수 없기에 기업들과의 합종연횡은 필수불가결했다. 그렇다면 ISC 라이선스가 지금까지 특허 관련 문제가 없었으니 앞으로도 문제없을 것으로 믿고 올씬 얼라이언스에 참여할 것인가, 아니면 새로운 IoT 오픈소스를 만들 것인가 하는 두 가지 방법 외에는 대안이 없었다. 고심 끝에 몇몇 기업들은 후자를 택했다. 즉, 미래 IoT는 인터넷처럼 특허 없는 100% 무상 오픈소스가 맞다는 신념으로 올씬 얼라이언스를 대신할 새로운 오픈소스 단체를 만들기로 의기투합한 것이다.

당시 올씬 얼라이언스는 30개가 넘는 회원사가 참여하며 성장하고 있는 상황이어서 후발 주자로서 선두를 따라잡으려면 경쟁 진영과 차별화하여 이기는 전략이 필요했다.

첫째, 러닝메이트를 확보한다. 오픈소스는 혼자 할 수 없다. 추구하는 목표와 비전을 함께하는 파트너가 반드시 필요하다. 당시 삼성은 타이젠 오픈소스 프로젝트를 인텔과 협력하고 있어 서로 관계가 좋았다. 인텔도 올씬 얼라이언스에는 참여하지 못하고 있었는데 IoT 칩셋 사업 분야에서 경쟁 관계인 퀄컴이 주도하는 오픈소스에 참여하기란 불가능했다. 삼성과 인텔은 서로의 필요성이 맞아 2014년 2월 첫 미팅을 가졌다. 그리고 새로운 오픈소스 프로젝트를 구성했다. 같은 곳을 향해 함께 달려야 하는 러닝메이트가 되기 위해서는 몇 가지 조건이 필요하다. 먼저 1)목적은 같으나 목표는 달라야 한다. 삼성과 인텔은 IoT 시장에 필요한 오픈소스 소프트웨어를 확보한다는 목적은 같으나 목표로 하는 제품은 서로 달랐다. 삼성은 소비자가 사용하는 제품을 목표로 하고 인텔은 IoT 칩셋을 목표로 하므로 서로 이해관계가 충돌하지 않았다. 2)좋은 관계여야 한다. 관계가 좋으면 오해가 적다. 특히 싸워야 할 적이 있어 집중해야 할 때 관계의 신뢰는 더욱 중요하다. 그래야 내가 가진 무기를 더 많이 나눌 수 있다. 같은 편이 불편하고 의심이 간다면 보나마나 백전백패다. 삼성과 인텔은 타이젠 오픈소스 협력으로 신뢰 관계였다. 3)기록이 비슷해야 한다. 달릴 때 러닝메이트는 서로 스피드가 비슷해야 시너지 효과가 발생한다. 스피드가 맞지 않아 하나가 뒤처진다면 러닝메이트로서 의미가 적다. 삼성과 인텔은 각자 분야 최고 기업이기에 서로를 믿고 앞만 보고 달릴 수 있었다.

둘째, 주장하는 가치를 간결하게 한다. 삼성과 인텔은 각자 IoT 기술을 오픈소스로 통합하는 기술 논의에 속도를 냈다. 동시에 신규 오픈소스가 나가야 할 방향은 특허 걱정이 없는 100% 오픈소스로 확정하고 Apache 2.0 라이선스를 초기부터 확정했다. 이후 오픈소스가 시장에서 급속도로 성장하는 데 핵심적 역할을 했고 새로운 회원사를 확보하는 데 큰 도움이 됐다. 특히 확보하려고 노력하는 회원사 중 다수는 올씬 얼라이언스에서도 접촉하고 있었다. 그때마다 간결하고 명확한 가치는 힘을 발휘했다.

셋째, 유니폼 색상을 선명하게 한다. 축구에는 홈팀과 원정팀이 있다. 주로 홈팀은 자신이 가장 좋아하는 그리고 대중에게 가장 많이 알려진 색상의 유니폼을 입는다. 원정팀은 보통 흰색 같은 홈팀에 비해 눈의 덜 띄는 색으로 입는다. IoT 오픈소스에서 올씬 얼라이언스는 홈팀이고 삼성과 인텔은 원정팀인 셈이었다. 그렇다면 후발주자로서 어떻게 눈에 띌지를 고민해야 했고 그 전략은 흰색을 더욱 하얗게 하는 것이었다. 우선 기술 강점을 부각했다. 1)인터넷 서비스에서 가장 널리 사용하는 기술인 RESTful 방식을 채용하여 사용자가 평소 인터넷을 검색하는 것처럼 IoT 기기를 사용하도록 했다. 인터넷에서 원하는 정보를 찾을 때 구글이나 네이버를 열고 원하는 정보를 검색창에 입력한 후 검색된 여러 결과 중 원하는 결과를 클릭해서 확인한다. 미래 IoT 기기가 많아지면 인터넷에서 정보를 검색하듯 익숙한 방식으로 기기를 찾도록 하는 것이다. 2)미래에는 아주 작은 기기에도 사용 가능하도록 CoAP~Constrained Application Protocol~ 기술을 채용하여 적용했다. 기술적 강점 외에 회원사 구성도 차별화했다. 가전기기와 칩셋 기업 외에도 특히 이동통신 기업들을 참여시켜 IoT 서비스가 통신망에서도 가능하도록 영역을 확장했다.

넷째, 쉽게 각인시킨다. 2014년 9월 드디어 새로운 프로젝트를 출범했다. 공식 발표 몇 주 전에 새로운 프로젝트 이름을 논의했다. 아이가 태어나면 이름을 짓는 것처럼 6월 산타클라라에 있는 인텔 사무실에서 열띤 토론 끝에 OIC~Open Interconnect Consortium~라고 결정했나. OIC에는 IoT가 무엇인지 궁금해하는 소비자에게 "Oh! I See"라고 감탄하며 경험할 수 있게 하자는 우리의 의지가 반영된 이름이었다. 처음으로 오픈소스에 새로운 이름을 붙여 세상에 내보내는 짜릿한 경험이었다.

이후 OIC는 급성장하여 1년 뒤 회원사가 100개를 넘어섰다. 그리고 선두주자이던 올씬 얼라이언스를 2016년 2월 마침내 통합하여 글로벌 최대 IoT 오픈소스로 등극했다. 현재 OIC는 OCF~Open Connectivity Foundation~로 이름을 변경했으며 Apache 2.0 라이선스로 오픈소스를 릴리스하고 있다.

오픈소스는 강력한 상업성을 갖는다. 이전에는 업무시간 외에 취미 또는 사회 기여 측면으로 오픈소스에 참여하는 개발자가 많았다. 하지만 2020년 리눅스 재단에 따르면 약 52% 오픈소스 개발자가 기업에서 보수를 받고 있는 것으로 조사됐고 그 비율은 지속적으로 늘고 있다. 다시 말해 기업에서 고용한 소프트웨어 직원이 회사의 명확한 목적을 갖고 오픈소스에 참여하고 있다는 의미이며 그렇기에 회사 간 목적이 다를 때는 생존을 건 치열한 싸움이 불가피해졌다. 기업은 이기기 위해 투자를 늘리고 개발자의 보상을 높여가며 오픈소스 발전에 큰 힘이 되고 있다.

오픈의 의미와 메시지는 투명하고 명확해야 한다. 과거 함께 잘 만들어보자는 좋은 취지로 별 문제없을 것으로 생각했던 것들이 더 이상 오픈에서 받아들여지지 않는다.

오픈소스 잡았다면
소프트웨어에 올인

    2019년 5월 백악관 대변인은 트럼프 대통령이 미국 정보통신기술과 서비스를 보호하겠다는 취지로 '정보통신기술 및 서비스 공급망 확보' 행정명령에 서명했다고 발표했다. 이 행정명령은 미국 정보통신기술과 서비스에 대한 위협에 대응해 국가비상사태를 선포하고 국가안보 또는 미국인 안전에 위험을 주는 거래를 금지할 권한을 상무장관에게 위임한다는 것이다. 이 발표에서 대상 기업을 명시하지는 않았지만 사실상 중국의 화웨이가 타깃이었다. 2018년 세계 통신 장비 시장 점유율에서 화웨이는 30% 가까이 차지하며 세계 1위였고 스웨덴 에릭슨과 핀란드의 노키아가 뒤를 이었다. 미국의 대표적인 통신 장비 기업 시스코는 7.8%로 5위를 차지하고 있었고 그 앞 4위도 중국의 ZTE가 10% 이상을 차지하고 있었다. 당시 전 세계는 차세대 이동통신 기술인 5G를 둘러싼 패권 경쟁이 치열하던 때였다. 5G 시대가 오면 4G보다 훨씬 많은 통신 장비가 필요하고 그로 인한 기업의 수익도 막대할 것으로 전망되는 매력적인 시장이었다. 하지만 중국 기업이 북미 통신망에서 지속적으로 장비 점유율을 높여가는 것에 위협을 느낀 것으로 보인다. 특히 통신망은 국가 기간망이라 하여 국가의 정치, 행정, 군사 등 모든 정보가 공유되는 통로이므로 안정적 운영과 특별한 보안이 요구되는 산업이다. 만약 어떤 이유로든 미국과 중국의 분쟁 발생 시 중국 기업이 통신 장비에 영향을 미친다면 미국 입장에서는 심각한 문제가 있을 수 있다. 2018년까지 북미 시장에서 매년 30% 가까이 성장세를 보이던 화웨이의 시장 점유율은 2020년부터 급감하여 현재는 약 3.5% 정도에 머무른다. 이에 반해 시스코는 2020년부터 시장 점유율을 높여가며 현재는 10%를 넘어섰다. 하지만 주목해야 할 것은 전 세계 통신 장비 시장이다. 작년 기준 여전히 화웨이가 1위로 30% 가까이 차지하고 있고 시스코는 5% 수준이다. 미국이 자국 통신 장비 비중을 높여서 안정성을 확보하는 목표는 어느 정도 달성했다고 할 수 있으나 자국 기업의 글로벌 시장 점유율을 높이는 데는 별 효과가 없었다.

실리콘밸리 지역의 표준화 전문가들은 화웨이 미국 연구소를 자주 방문했다. 중국 연구원들을 만나기 위해서라기보다 기존 협력하던 미국 기업의 연구원 다수가 화웨이로 자리를 옮겼기 때문이다. IETF에서 화웨이 연구원들을 마주치는 횟수도 늘어났다. 2000년 초까지만 해도 20~30명 수준으로 회의 중 간간히 눈에 띄는 정도로, 가장 많이 참석하던 회사는 시스코였다. 당시 시스코에서는 수백 명이 참석하며 인터넷 표준 기술 대부분을 주도했다. 내가 처음 참석했던 IPv6 워킹 그룹 의장도 시스코 개발자였다. 하루는 등록 데스크에서 화웨이 참석자가 자신 이름표의 회사명이 틀렸다고 수정을 요청했는데 영어로 Huawei를 Hawaii로 잘못 표기한 해프닝도 있었다. 그만큼 당시의 화웨이는 인지도가 높지 않았다. 하지만 지금의 화웨이는 IETF를 이끄는 중심 세력으로 성장했다. 아이러니하게도 20년 전 IETF를 주도하던 시스코의 위상을 화웨이가 이어받은 셈이다. 2000년 중반부터는 미국과 유럽 협력사 개발자들 소속이 화웨이로 변경되는 것을 자주 목격했고, 그 후로도 여러 기술 협회나 단체에서 미국과 유럽의 유명한 소프트웨어 개발자들 이름표에서 화웨이를 볼 수 있었다. 하지만 지금은 대부분 다른 회사로 이직했다. 미국 정부의 압박은 실리콘밸리에서의 활동을 축소시켰고 대부분의 중국 연구원들은 자국으로 돌아갈 수밖에 없었다. 전 세계 소프트웨어 기술 혁신의 중심인 화웨이의 실리콘밸리 연구소가 심각한 타격을 입고 결국 화웨이 소프트웨어 기술에 악영향을 미칠 것은 자명했다.

그로부터 약 2년 후 화웨이 창업자 겸 회장인 런정페이는 자신들의 비전을 밝히며 다음과 같이 선언했다.

"우리는 앞으로 소프트웨어에 올인한다."

이후 2023년 여름 중국에서 오픈소스 운영체제 OpenKylin 1.0을 공개했다. 오픈소스 성공 여부는 지켜봐야 하겠지만 거대한 중국의 컴퓨터, 스마트폰, 스마트 가전뿐만 아니라 컴퓨팅 기능을 갖는 모든 중국 제품에 클라우드를 결합하여 사용한다면 그 규모는 무시할 수 없을 정도다. 이후 중국은 주변 국가로 오픈소스를 확대해나갈 것이고 성공적으로 확산된다면 제2의 안드로이드를 노려볼 만하다.

이번 중국의 오픈소스 운영체제 공개는 매우 이례적이라고 할 수 있다. 중국은 미국과 심각한 패권 경쟁 중이다. 미국의 제재로 인해 어떤 기술도 중국으로 수출할 수 없고 여기에는 소프트웨어도 포함된다. 그렇다면 중국 독자적으로 모든 소프트웨어를 개발한다는 의미일까. 이미 소프트웨어는 전 세계가 오픈소스 방식으로 혁신을 만들어가고 있고, 그렇기에 기업은 공유와 협력으로 소프트웨어를 개발하는 것이다. 중국도 예외일 수 없다. 그렇다면 화웨이가 소프트웨어에 올인이라고 자신 있게 말할 수 있는 비결은 무엇인가, 해답은 오픈소스에 있다.

세계에서 가장 크고 영향력 있는 오픈소스 단체는 리눅스 재단이다. 현재 회원 수가 2000개 가까이 되고 13개 글로벌 기업의 이사회 회원들이 활동 중이다. 2019년 어느 날 이사회 회의 긴급 논의에 '중국 기업에서 오픈소스 소프트웨어를 사용하는 것이 미국의 중국 기술 수출 금지에 해당하는지' 안건이 상정됐다. 당시 13개 이사회 회원사 중 하나인 화웨이가 리눅스 재단에 공식적인 입장을 요구했다. 만약 오픈소스 소프트웨어가 미국의 수출관리규정 EAR(Export Administration Regulations)에 포함된다면 화웨이에는 치명적이다. 화웨이는 제품에 사용하는 소프트웨어 대부분이 오픈소스이고 만약 오픈소스를 사용할 수 없다면 사실상 사업을 접어야 하는 절대절명의 상황으로 내몰리는 셈이다. 화웨이는 여러 오픈소스 콘퍼런스를 통해 자신의 소프트웨어 전략이 오픈소스를 기반으로 하고 있으며 많은 오픈소스 프로젝트에 화웨이가 적극 투자하여 리더십을 확보해가고 있음을 여러 차례 강조했다. 화웨이는 또한 전 세계 우수한 오픈소스 개발자들을 적극 확보했고 그들 중에는 오픈소스 진영에서 상당한 영향력자도 다수 있었다.

사실 화웨이가 처음 사업을 시작할 무렵 소프트웨어 개발에 오픈소스를 적극 채용한 전략은 사업적으로 미래 지향적이고 경쟁력 있는 결정이었다. 1990년 말 네트워크 시장에는 선두 기업들이 있었고 화웨이는 후발 주자로 빠르게 성장해야 하는 상황에서 독자적으로 소프트웨어를 개발하는 방식은 시간적으로나 비용적으로 모두 비효율적이다. 이미 공개되어 있는 오픈소스를 무상으로 최대한 활용하면서 부족한 부분을 보완하는 것이 후발 기업에게는 최적이다. 그렇게 화웨이는 소프트웨어 전략에 오픈소스를 적극 채용하여 단기간에 시장을 선점할 수 있었다. 참고로 당시 선두 기업 시스코는 오픈소스가 아닌 자사의 강력한 소프트웨어를 보유하고 있었다. 최근 시스코에서도 오픈소스 개발자를 적극 채용한다는 소식을 듣고 있다.

리눅스 재단에서는 여러 차례 이사회 논의를 진행했고 동시에 법률 전문가를 통해 다각도로 검토했다. 그 결과 오픈소스는 EAR에서 제재하는 소프트웨어에 포함되지 않는다는 결론을 내렸다. 이와 같은 결론의 가장 큰 이유는 '오픈소스 정의'에서 규정한 '⑤사용 대상 차별 금지' 조항이다. 오픈소스는 특정 그룹, 사용자 및 제품 등 어느 누구에게도 차별하면 안 된다는 것이다. 이 항목의 비차별은 화웨이뿐만 아니라 중국의 모든 기업이 대상이다. 누군가는 오픈소스를 만든 이가 무료로 공개하는 것이니 그에 대해 차별을 둘 수 있는 것 아닌가 하고 생각할 수 있다. 맞는 말이다. 오픈소스 운영 방침과 라이선스 및 모든 규정은 코드를 개발하여 오픈하는 공개자에게 있기에 특정 기업이나 국가 등을 오픈소스 사용 범위에서 배제할 수 있다. 간혹 차별적 내용을 자신의 라이선스에 반영하여 공개하는 오픈소스도 찾아볼 수 있다. 하지만 오픈소스는 서로 이해하고 약속을 지키며 함께 윈윈하며 발전하자는 취지이고 그런 공감대를 바탕으로 10개의 정의를 정하여 모두가 지키려고 노력하고 있다. 이러한 규칙을 지키지 않고 공개하는 것은 공개자의 마음이지만 그렇게 공개한 오픈소스는 어느 누구도 거들떠보지 않고 결국 사장되고 만다. 공개자 입장에서도 시장에서 사용되지 않고 아무도 참여하지 않는 오픈소스를 굳이 공개할 이유가 없으므로 독자 소프트웨어로 개발하여 상업적으로 판매하는 방식을 채택하는 게 적합하다. 결과적으로 오픈소스의 비차별성에 따라 화웨이는 오픈소스를 사용하는 데 어떤 제약도 받지 않으며 소프트웨어 사업을 지속적으로 발전시킬 수 있었다.

만약 화웨이가 사업 초기 자신의 기술력을 믿고 자체적으로 개발하여 차별화하는 방향으로 전략을 수립했다면 이번 미국과의 무역 분쟁으로 심각한 타격을 입었을 게 분명하다. 나아가 지금과 같이 오픈소스가 소프트웨어 시장의 대세인 환경에서는 기업 존립이 위협받을 수도 있다. 사업 초기 화웨이가 오픈소스를 선택한 것은 신의 한 수라고 생각한다. 오픈소스를 통해 화웨이는 지속적으로 성장할 가능성이 매우 높다. 더 많은 소프트웨어를 오픈소스로 공개할 것이고 투자를 늘리며 전 세계 개발자들을 끌어들여 제2의 안드로이드와 리눅스를 만들고자 할 것이다. 화웨이의 과감한 투자와 노력은 오픈소스를 더욱 발전시킬 것이며 오픈소스 세상에서 중국의 역할을 예의 주시해야 한다. 물론 오픈소스는 오픈했다고 성공하는 것은 아니다. 지금도 수많은 오픈소스들이 공개되고 있지만 대부분은 활성화에 실패하는 것이 냉혹한 현실이다. 오픈소스 활성화에는 많은 투자와 노력 그리고 세밀한 전략이 필요하다. 그럼에도 화웨이의 "소프트웨어 올인" 외침은 충분한 설득력이 있다.

여름만 되면 구글로 달려가는 대학생들

구내식당이 회사 복지 수준의 척도인 시대다. 구내식당을 논할 때 미국에서 빠지지 않고 등장하는 기업이 구글이다. 구글의 구내식당은 오래 전부터 유명했다. 특히 개발자들에게는 '일할 맛과 밥맛이 모두 나는 회사' 느낌이다. 나도 구글과 회의가 있을 때면 점심은 굳이 밖에서 먹지 않고 구내식당을 이용했다. 나중에 안 사실인데 당시 구글은 날마다 7만 명 넘는 식사를 무료로 제공했다고 한다. 사실 내가 다니는 회사도 구내식당은 정평이 나 있다. 그래서 그런지 구글 구내식당이 나에게 대단치는 않았지만 일반인이나 특히 구글 입사를 꿈꾸는 개발자에게는 다른 의미일 것은 분명했다.

매년 여름 전 세계 오픈소스 개발자와 기업이 미국 서부 오리건주에 있는 포틀랜드에 모인다. 오라일리O'Reilly에서 개최하는 오픈소스 컨퍼런스인 OSCONOpen Source Conference에 참석하기 위해서다. 2014년 처음 참석했을 당시 3천 명이 넘는 개발자들이 한자리에 모였다. 행사의 여러 키노트 중에 구글 캐럴 스미스의 '10 Years of Google Summer of Code' 발표가 나의 눈길을 사로잡았다. 그녀는 구글에서 운영하는 Google Summer of Code(GSoC)의 프로그램 매니저라고 자신을 소개했고 2005년 시작하여 10주년을 맞이한 GSoC에 대해 소개했다. GSoC는 구글이 주관하는 오픈소스 개발 프로그램으로 매년 전 세계 대학생을 대상으로 원하는 오픈소스에 직접 참여하여 개발할 수 있도록 비용과 멘토링을 지원하는 온라인 프로그램이다. 이 프로그램을 통해 대학생들은 실제 오픈소스 개발을 경험할 수 있고 다양한 오픈소스 단체들과 교류할 수 있다.

캐럴 스미스는 인사말을 시작으로 10년간 주요 결과들에 대해 발표했다.

"지난 10년 전 세계에서 8616명의 학생이 참여했고, 486개 오픈소스 단체에서 멘토링으로 참여했습니다. 참여한 학생들이 10년간 오픈소스에 개발한 코드는 5천만 라인이 넘고, 미국뿐 아니라 인도, 아시아, 유럽 등 다양한 나라에서 참여했습니다. 특히 올해는 카메룬, 튀니지, 온두라스, 케냐, 말라위, 우간다 등 새로운 나라의 참여가 늘었습니다. 우리는 더 많은 나라에서 참여할 수 있도록 노력하고 있습니다."

5분의 짧은 발표였지만 나는 왜 전 세계에서 우수한 소프트웨어 개발자들이 너나 할 것 없이 구글로 달려가는지 짐작할 수 있었다. 우리 소프트웨어 산업의 위기도 동시에 느꼈다.

GSoC는 이미 국내에서도 잘 알려져 있고 많은 대학생들이 지원서를 낸다. 선정된 팀에게는 5천 달러 정도의 연구비를 지원하고 해당 오픈소스 전문가들이 활동하는 단체에서 기술 멘토링을 지원하며 학생들의 개발을 돕는다. 거기에는 구글 직원도 상당수 포함되어 있다. 구글 개발자들은 오픈소스에 많이 참여하고 있으니 당연한 모습이다. 온라인 멘토링이지만 참여하는 학생에게는 가슴 벅찬 순간이다. 개발자를 꿈꾸며 인터넷에서 이름만 들어봤을 멘토들을 직접 만나니 그들에게는 꿈 같은 시간이 아닐 수 없다. 그렇게 오픈소스에 참여하여 멘토와 함께 밤낮 없이 코딩하며 무더운 여름을 보낸다.

대학생들에게 기업을 미리 경험하게 하는 방식은 오래 전부터 기업이 사용했다. 대표적으로 인턴십이 있다. 하지만 인턴십은 제한적이다. 보통은 기업이 있는 나라 안에서만 가능하다. 매일 출퇴근을 해야 하기 때문이다. 또한 인턴십을 하기 전 학생들은 본인이 무슨 일을 어느 부서에서 하게 될지 모르는 경우가 많다. 인턴을 활용하는 회사에서도 내부 정보를 학생들과 공유하기 꺼리기 때문에 오리엔테이션에서 관련 내용을 간략히 설명하는 정도다. 그리고 인턴십을 경험한 사람은 알겠지만 몇 개월 인턴십 이후 자신이 만났던 직장 선배들과 자주 소통하는 경우는 흔치 않다. 기업의 무책임만이라고는 할 수 없다. 당장 회사에서 해야 하는 업무와 인턴과의 연결 고리가 약하기 때문에 시간이 지나면 잊게 되는 게 자연스러운 것이다. 하지만 GSoC는 완전히 다른 형태의 인턴십이다. 우선 기존 인턴십과 다른 것은 지원자가 희망하는 기술 분야의 특정 오픈소스에 지원하므로 자신이 참여하여 어떤 것을 배우고 경험하게 될지 예측 가능하다. 스스로 선택한 오픈소스이고 잘 아는 분야여서 인턴십을 통해 배우고 성장할 수 있다. 프로그램에서 만나는 멘토들은 선망하던 아이돌 같은 존재이기도 해서 걱정보다는 기대가 크다. 학생들 마음은 프로그램에 참여하기 전부터 구글에 가 있다. 구글에서 별다른 홍보나 마케팅을 하지 않아도 이들은 이미 구글 직원이나 다름없다.

　멘토는 온라인에서 지원자가 제시한 문제나 아이디어를 오픈소스로 개발하도록 돕고 결과는 다시 오픈소스에 기여한다. 이 부분도 전통적인 인턴십과 효과 면에서 다르다. 인턴이 짧은 인턴십 기간 동안 뛰어난 아이디어와 사업 기획, 특허 같은 실질적 기여를 하는 경우는 불가능에 가깝다. 회사의 전략과 방향성 그리고 추구하는 가치를 이해하지 못한 상태에서 단 몇 개월에 엄청난 결과를 기대하는 것 자체가 어불성설이다. 그렇기에 인턴십은 기업이 학생에게 주는 직장 체험 정도로 인식된다. 이에 반해 GSoC 프로그램은 오픈소스로 개발한 모든 코드는 오픈소스에 기여해야 한다. 그러한 코드는 개발한 대학생 이름으로 기여하므로 학생 본인의 자산이 된다. GSoC 기간이 끝나더라도 기여한 코드는 해당 오픈소스에 계속 남아 있다. 향후 취업할 때 이력으로 내세울 수 있는 무기가 된다. 오픈소스 프로젝트에 필요한 내용을 멘토가 가이드하며 함께 개발하기 때문에 오픈소스 발전에도 큰 도움이 된다. 그렇다면 GSoC에 투자하는 구글은 무엇을 기대할 수 있을까. 구글이 GSoC 프로그램을 시작하며 밝힌 목적은 모두에게 유익한 오픈소스를 발전시키고 자라나는 개발자의 성장을 돕는 것이다. 또한 구글은 오픈소스를 이용하여 사업을 하고 있으므로 GSoC를 통해 많은 코드를 확보할 수 있다. 그 가운데 나의 시선을 강하게 끄는 것은 '넥스트 구글러'를 위한 투자에 있다고 본다.

　그해 10월 캘리포니아 구글 캠퍼스에 GSoC에 참여한 대학생들과 멘토들이 한자리에 모였다. 당시 나는 구글에 미팅이 있어서 갔다가 GSoC 페스티벌을 옆에서 볼 수 있었다. 학생들 얼굴은 상기된 채였지만 행복해 보였다. 그럴 수밖에 없지 않겠는가, 그동안 온라인에서 보던 멘토를 직접 만나고 다른 유명한 개발자도 만날 수 있으니 학생들에게는 꿈에 그리던 시간이 현실이 된 게 확실했다. 함께 먹고 마시며 오픈소스를 이야기하고 밤새 해커톤을 하며 오픈소스 개발에 참여했다. 특히 모든 학생이 그토록 가고 싶어 한 바로 그 구내식당. 환영 현수막, 모든 음식 무료. 학생들에게는 축제나 다름없었다. 그렇게 꿈만 같은 며칠을 보내고 학생들은 자신의 나라로 돌아갔다. 그들은 구글 캠퍼스를 떠나면서 어떤 생각을 했을까. 모르긴 몰라도 이곳으로 다시 돌아오겠다는 다짐을 하지 않았을까.

GSoC 프로그램은 인력 채용 목적이 아님을 강조한다. 또한 구글이 얼마나 좋은 회사이고 연봉은 얼마인지도 언급하지 않는다. 다만 구글의 개발자들은 학생들과 함께 오픈소스를 개발했을 뿐이다. 사실 오픈소스 개발이 주업무인 구글 개발자들은 업무 연장선에서 역할을 했을 뿐이고 자신이 고민하고 개발해야 할 부분을 지원자들과 함께 해결했을 수도 있다. 무언가를 새롭게 준비하고 고민해서 지원자를 멘토링하는 것이 아니라 원래 하던 일을 그대로 했을 뿐이다. 하지만 GSoC에 참여한 전 세계 우수한 대학생 개발자들은 이미 구글의 빅팬이 되었다. 구글이 GSoC 프로그램에 매년 투자하는 금액이 얼마나 될지는 모르지만 전 세계 우수한 인재를 구글의 열혈 팬으로 만드는 목적에 투자하는 비용이라면 절대 손해보는 장사는 아니라고 본다. 이것은 오픈소스이기에 가능하다. 오픈되어 있기에 해당 기술을 잘 아는 개발자들이 참여할 수 있고 기업도 지원자에게 꼭 필요한 멘토를 선정할 수 있다. 오픈되어 있지 않으면 절대로 이루어질 수 없는 상관관계가 오픈소스 세상에서는 얼마든지 가능하다. 한국의 수많은 대학생들 특히 소프트웨어 개발자로 꿈꾸는 많은 이들이 GSoC을 준비하고 있다. 그들이 밤새워 공부하고 노력하여 우수한 오픈소스 개발자가 되었을 때 그들은 어디서 일하고 있을지를 심각하게 우린 생각해야 한다.

OSCON에서 구글 GSoC 키노트 이후 10년이 흘렀다. 2023년 한 조사에 따르면 GSoC에 1만8천 명 이상이 참여했고 이 중 3천 명 이상이 구글에서 인턴 또는 정규직으로 근무했다. 이를 가능하게 한 오픈소스의 위력을 다시 한번 실감한다.

구글 GSoC를 보면서 이런 생각이 들었다. "구글 오픈소스 프로그램 기획자는 왜 대학생만을 대상으로 프로그램을 만들었을까. 중고등학생 대상 프로그램을 운영한다면 더 일찍 '넥스트 구글러'를 양성할 수 있을 텐데" 하고 말이다. 하지만 이런 생각은 구글도 이미 했다는 걸 OSCON 참여 몇 년 후에 알게 되었다. 2010년 구글은 'Google Code-in' 프로그램을 시작했고 대상은 대학 입학 전인 13세부터 17세의 청소년이었다. 그로부터 2020년까지 10년 동안 전 세계 117개국 6천여 개 중고등학교에서 1만5천 명 가까운 청소년이 구글의 지원 아래 오픈소스 프로젝트에 참여하여 활동했다.

최근 몇 년 새 국내 기업이 주관하는 대형 소프트웨어 콘퍼런스가 자주 열리는 것을 보게 된다. 고무적인 일이 아닐 수 없다. 하지만 구글이 주관하는 프로그램에 비해 우리 프로그램이나 행사는 아직 가야 할 길이 멀다. 오픈소스 특징은 글로벌이며 나라와 인종, 나이와 성별 등 어떠한 장벽도 없다. 오픈소스가 미국과 유럽 주도로 발전한 것은 부인하지 않는다. 하지만 이제 한국도 글로벌 기술과 문화를 선도하는 선진국으로서 오픈소스에 대한 중요성과 인식을 높여야 한다. 그래야만 총성 없는 오픈소스 인재 확보 전쟁에서 승리할 수 있다.

성공하는 전략이 아닌 지지 않는 전략

애플의 대표 제품은 아이폰이다. 하지만 2000년 중반까지 애플은 컴퓨터를 만드는 회사였다. 회사명도 애플 컴퓨터Apple Computer였다. 스티브 잡스가 애플로 복귀하고 아이팟과 아이폰을 출시하며 회사명에서 컴퓨터를 뺐다. 그는 아이폰을 "모바일폰의 새로운 발명"이라고 불렀고 당시만 해도 생소했던 센서, 모바일 인터넷과 혁신적인 햅틱 인터페이스(손가락으로 터치하고 화면을 키우고 줄이는 등의 기술)를 시장에 선보였다. 빠른 이동성 지원 같은 기술은 언급조차 없었다. 특히 음성통화에 대해서는 수많은 기능 중 하나로 설명하며 아이폰은 더 이상 휴대폰, 즉 가지고 다니면서 통화하는 기기가 아님을 강조했다. 아이폰의 목표는 출시 후 모바일폰 시장의 1%를 차지하는 것이라고 말했다. 현재 아이폰 전 세계 시장 점유율은 약 20%이며 미국, 일본 등 특정 나라에서는 50%를 넘어섰다.

스티브 잡스는 아이폰 혁신이 가능했던 이유로 앨런 케이의 말을 인용하며 하드웨어와 소프트웨어 모두를 갖고 있기 때문이라고 했다.

"소프트웨어에 진심인 사람은 자신만의 하드웨어를 만들어야 한다"

또한 아이폰의 모든 기술은 200개가 넘는 특허로 보호하고 있다고도 강조했다.

지난 2월 '챗GPT의 아버지'로 불리는 오픈AI CEO 샘 올트먼이 자체적으로 AI 반도체 공급망을 구축하기 위해 대규모 투자 유치에 나섰다는 소식이 들렸다. 현재 챗GPT 서비스를 구동하기 위해 엔비디아에서 생산하는 GPU에 의존하고 있으니 AI 혁신을 위해서는 앨런 케이의 조언처럼 하드웨어와 소프트웨어 모두를 확보하겠다는 의도로 풀이된다.

아이폰 출시 후 모바일폰 판도가 완전히 바뀌었다. 그렇다면 애플을 제외한 나머지 기업은 대응책을 마련해야 하는데 어떤 방향으로 가야 할 것인가. 답은 의외로 간단하다. 두 가지가 가능하다.

1) 애플과 같은 방식으로 독자 대응할 것인가
2) 여러 기업과 협력을 통해 대응할 것인가

디지털 시장 특성이 '승자독식'이라는 건 모두가 잘 아는 사실이다. 그렇다면 후발 주자로서 최대한 빨리 시장에 나가야 하는 게 최우선 목표다. 그렇다면 1) 방식은 가능성이 희박하다. 아니 불가능하다. 애플은 오래 전부터 준비했고 200개가 넘는 특허로 기술을 보유하고 있으므로 독자 대응은 승산이 없다. 그렇다면 결국 2) 방식밖에는 대안이 없다. 구글은 소프트웨어 강자이며 오픈소스도 세계적 수준이다. 이러한 강점을 바탕으로 안드로이드 오픈소스를 개발하여 2008년 10월 공개했다. 당시 구글의 앤디 로빈은 기사를 통해 안드로이드가 완전한 오픈소스임을 재차 강조했는데 주목적은 애플의 소프트웨어는 폐쇄형이라는 부분을 소비자에게 부정적으로 부각시키고자 하는 의도였다.

"오픈소스는 모두에게 평등한 접근권을 제공해 더 나은 플랫폼과 애플리케이션을 만들 수 있어 혁신을 가능하게 한다. 이번 코드 공개로 기업에게 경제적 기회를 주는 동시에 고객에게는 보다 나은 모바일 경험을 제공할 것"

소프트웨어는 확보했다. 그다음은 하드웨어를 어떻게 확보할 것인가가 관건이었다. 소프트웨어는 구글이 오픈소스로 공개할 수 있었지만 하드웨어, 즉 모바일폰은 여러 제조사들이 있어 구글이 하나로 통합하여 오픈하는 건 불가능하다. 구글이 자체 하드웨어를 개발할 수도 있지만 이미 아이폰이 출시되어 있는 상황에서 적절한 전략은 아니다. 결국 다양한 기업과 연합하여 그들의 하드웨어에 동일한 안드로이드를 탑재하는 것으로 방향을 정하고 그 결과 2009년 4월 안드로이드를 탑재한 갤럭시가 출시됐다.

히라노 아쓰시 칼『플랫폼 전략』에서는 "구글이 누구나 이용할 수 있는 오픈 사양을 공개하고 제휴를 통해 참가자를 모으는 것은 '성공하는' 플랫폼을 만들기 위한 전략이라기보다는 '지지 않는' 플랫폼을 만들기 위한 전략이다. 즉 시장을 독점이나 과점에서 구해내는 대신 구글은 자사의 광고 매체를 방어하고 확대해가는 것이다"라고 말한다.

현재 전 세계 안드로이드폰 시장 점유율은 70%에 이르고 있으니 충분히 성공적인 플랫폼이다. 특히 구글의 비즈니스 모델은 하드웨어를 판매하는 것이 아니라 소프트웨어, 즉 광고가 핵심 수입원이므로 애플처럼 소프트웨어와 하드웨어 모두를 장악할 필요는 없다. 오히려 하드웨어까지 손을 댈 경우 구글 사업에 부담이 될 우려도 있어 다른 기업과의 연합은 충분히 타당하다. 성공하는 플랫폼으로서의 전제는 소프트웨어를 완벽히 장악하는 것이다. 구글은 모든 역량을 오픈소스 소프트웨어에 집중하고 있다.

오픈소스는 독점하지 못한 기업들을 하나로 묶는 명분이 된다. 왜 오픈소스여야만 하는가. 대답은 간단하다. 기업은 혼자 시장을 독점하지 못하기에 오픈이라는 구실 아래 모인다. 당시 모바일폰 강자였던 여러 기업들은 오픈소스라는 낯선 명분을 뿌리치고 자신만의 방법을 고수했으나 결국 스마트폰 세상에 합류하지 못했다. 이제는 그들도 오픈소스에 적극 참여하고 있지만 스마트폰 시장에서 소비자 관심에서 멀어진 지 오래다.

성공한 오픈은 수직적 특성을 갖는다. 다른 참여자들의 사업을 자기 사업의 일부로 수직 통합하려는 경향을 보인다. 처음에는 안 보이던 계층이 점점 뚜렷해진다. 안드로이드 진영에서도 동일한 특성을 확인할 수 있다. 구글은 안드로이드 플랫폼이 스마트폰 시장에서 성공적으로 정착한 후 기기 종류를 공격적으로 확대했다. 그중 한 분야가 웨어러블이다. 구글은 초창기 '안드로이드 웨어'를 발표했고 이후

'웨어 OS'로 변경했다. 또한 스마트워치 업체인 핏빗Fitbit을 인수하며 시장을 확대했다. 같은 해 구글은 삼성과 스마트워치용 오픈소스 협력을 발표했는데 당시까지 삼성은 타이젠OS를 이용해 갤럭시 워치를 개발하고 있었다. 이후 웨어러블용 타이젠OS는 웨어OS와 통합하여 현재 양사 스마트워치 개발에 사용하고 있다. 안드로이드와 타이젠 두 플랫폼 모두 오픈소스다. 기술적으로 어느 것이 더 좋은가는 논외로 하더라도 오픈에 나타나는 수직 통합 특성에 따라 안드로이드는 주변 기술을 지속적으로 통합해가고 있고 그 범위는 더욱 넓어지며 관련 기업 간 기술 경쟁은 불가피하다. 적과의 동침은 태생적으로 불편하다. 자신의 이익을 위해 복잡한 이해관계와 눈치 싸움이 치열할 수밖에 없다. 그럼에도 우선은 생존을 위해 어쩔 수 없이 오픈을 선택하고 참여하는 것이다. 살얼음판 같은 오픈에서 기업은 자신의 생존을 위해 자신만의 무기와 대책을 반드시 준비해야 한다. 오픈은 명분이지 안전한 피난처가 아니다.

경계가 무너질 때
위기와 기회는 함께 온다

토머스 프리드먼의 『세계는 평평하다』에서 우리 주변의 많은 장벽이 무너지며 전 세계가 하나로 연결되는 급변하는 세상에서 살아남는 방법을 제시한다. 기업이 살아남기 위해 전략을 수립할 때 고려해야 할 규칙을 소개하는데 그 첫 번째 규칙은 벽을 쌓지 말라는 것이다. 그가 친구 그리어와 나누는 대화 일부다.

"예전에는 많은 기업이 기술 뒤에 숨었다고 봐야 해. 유능할 필요는 있었지만 세계 최고가 될 필요는 없었어. 왜냐하면 세계와 경쟁한다는 생각이 들지 않았으니까. 저 멀리 지평선이 있지만 아무도 그 너머를 볼 순 없있거든. 그런데 불과 몇 년 사이에, 길 건너 있는 회사와 경쟁하다가 전 세계 모든 기업과 경쟁하는 처지가 되었네. 3년 전만 해도 그리어&어소시에이츠가 영국에 있는 회사에 계약을 뺏기는 일은 상상도 할 수 없었지만 이제는 가능해. 이제는 누구나 다른 사람들이 뭘 하는지 볼 수가 있고, 모두들 똑같은 도구를 가지고 있어. 그래서 살아남으려면 최고가 되어야 하고 가장 창조적이어야 하는 거지."

이동통신시장을 '월드 가든walled garden'이라고 불렀다. 해석하자면 '담장이 쳐진 정원'이다. 정원에 담을 만들어 다른 사람이 접근하지 못하게 하는 것을 의미한다. 미국 AT&T나 버라이즌, 한국의 SKT나 KT 같은 이동통신사업자는 자신만의 통신망을 구축하고 수익을 얻었다. 당시 이동통신 서비스는 대부분 음성이었고 휴대폰 사용자는 통신사가 청구하는 비용을 지불하는 방법밖에는 다른 수단이 없었다. 많은 휴대폰 사용자는 음성 서비스 비용이 부담이어서 상대적으로 저렴한 문자 서비스를 이용하는 경우가 있었지만 직접 통화보다는 불편했다. 보낼 수 있는 글자 수도 제한이 있었고 장문을 보내거나 이미지를 보내는 경우에는 추가 비용을 냈다. 지금 MZ세대가 보면 이해하기 어렵겠지만 그리 오래 전의 일도 아니다. 왜 음성 서비스가 비싼지 통신사의 높은 담으로 가려진 정원 밖에서는 들여다볼 방법이 없었다.

담에 가려졌던 비밀의 정원이 최근 열리고 있다. 더 이상 월드 가든을 강조하지 않는다. 대신 '오픈'이 확대되기 시작했다. 2011년 오픈 네트워킹 파운데이션, ONF Open Networking Foundation가 설립되어 통신 네트워크의 개방성과 혁신을 강조했다. 또한 다양한 오픈소스 프로젝트를 지원하며 5G 네트워크에서의 소프트웨어 역할을 확대했다. 최근 ONF는 오픈소스 전문 기관인 리눅스 재단에 합병되어 오픈소스 개발을 더욱 강화하고 있다. 2023년 4월 워싱턴DC 국회의사당에서 열린 미국 상하원 합동 회의에서 대한민국 대통령은 한미동맹의 주요 첨

단 분야로 '오픈랜Open RAN'을 연설문에 포함했다. 통신 시장을 오픈하는 이유는 각자의 정원만으로는 급변하는 소비자 욕구와 서비스 트렌드를 따라갈 수 없기에 담장을 허물고 외부와 협력하며 혁신하는 데 목적이 있다.

통신 시장에도 새로운 유형의 경쟁구도가 생겨났다. 통신 시장은 크게 통신망을 구축하는 데 필요한 장비를 개발하는 장비 사업자와 망을 운영하며 소비자에게 서비스를 제공하여 수익을 얻는 통신 사업자로 나뉜다. 먼저 통신 사업자는 자신의 정원에 필요한 장비를 장비 사업자에게 요청한다. 장비 사업자는 통신 사업자가 요청한 요구사항을 반영하여 장비를 개발하여 판매한다. 장비 사업자는 통신 사업자가 요청하는 장비 외에는 별도로 개발할 필요가 없다. 이유는 모든 통신 장비는 통신 사업자가 구매하는 시장 구조이므로 통신 사업자가 요구하지 않은 장비를 만들어 판매할 곳이 지나가는 길에 가끔 건물 옥상에 설치된 기지국을 볼 수 있다. 하지만 기지국이 신기하다고 개인이 구매하는 경우는 없다. 새로 도입한 장비를 통신 사업자는 자신의 정원에 설치하고 테스트하여 서비스한다. 새로운 기능이 추가로 필요하거나 기존 기능을 수정해야 할 일이 생기면 장비 사업자에게 해당 장비를 수정하도록 한다. 수정 작업은 주로 소프트웨어 개발이다. 통신 시장의 사업 구도는 통신 사업자와 장비 사업자 간의 명확한 역할 분담이 있었다.

하지만 오픈이 늘어나면서 구도에 변화가 생겼다. 통신 시장에서 소프트웨어의 역할이 증가하면서 장비 사업자가 개발하는 장비에도 오픈소스 사용이 증가했다. 통신 사업자가 장비를 운영하면서 소프트웨어를 수정하거나 변경해야 하는 일이 발생할 때 그 부분이 오픈소스

라면 더 이상 장비 사업자에게 요청하지 않고 직접 소프트웨어를 수정할 수 있게 됐다. 오픈소스 증가 전에는 모든 소프트웨어 요구 사항을 장비 사업자에게 요청했고 장비 사업자가 직접 수정해야만 했다. 장비에 포함되어 있는 소프트웨어도 장비 사업자의 고유 자산이기에 통신 사업자가 접근할 수 없는 '소프트웨어 월드 가든'인 셈이었다. 하지만 장비 사업자가 사용한 오픈소스는 통신 사업자가 접근할 수 있기에 직접 수정이 가능하다. 또한 오픈소스는 누구나 접근할 수 있으므로 통신망 장비에 사용되는 소프트웨어를 장비 사업자가 아닌 다른 소프트웨어 기업도 개발하여 판매할 수 있게 됐다. 오픈소스 소프트웨어는 토머스의 친구가 말한 "모두들 똑같은 도구"와 같다. 이제 통신 사업도 소수의 특정 기업 간의 경쟁이 아닌 전 세계 모든 기업과 경쟁하는 평평한 사업이 되어가고 있다. 통신 시장의 오픈소스에서 살아남으려면 세계 최고가 돼야 하고 가장 창조적이어야 한다. 통신 사업자와 장비 사업자 모두 오픈소스에 투자와 참여를 늘리며 커뮤니티와 협력을 늘려가는 이유가 거기에 있다. 특히 장비 사업자는 오픈소스 기술력이 약해지면 자신의 영역인 소프트웨어 주도권을 통신 사업자에게 빼앗길 우려도 있다.

월드 가든의 해체 움직임은 더 많은 영역으로 확대될 것이 분명하다. 그것은 기술 분야일 수도 있고 다른 분야일 수도 있다. 경계가 무너질 때는 위기와 기회가 함께 온다. 특히 기술 분야라면 반드시 오픈소스 소프트웨어를 주목해야 한다. 2000년 중반까지 하드웨어로 제어하던 네트워크 기능들은 늘어나는 네트워킹 서비스를을 감당하기에 어려움이 많았다. 서비스에 따라 수시로 변하는 트래픽양 제어와 가지각색의 서비스 특성을 처리하기 위해 하드웨어로 구성된 기능을 소프트웨어로 전환하기 시작했다. 이것이 SDN~Software-Defined Networking~의 시작이다. 'Software-Defined'라는 표현에서 알 수 있듯이 기존 소프트웨어가 아닌 주로 하드웨어로 처리하던 부분을 '소프트웨어로 새롭게 정의'한다는 의미다. 즉 'SD = Open'이라고 할 수 있다. SDN 외에도 다양한 영역에서 소프트웨어들이 정의되고 있다. 소프트웨어 기반으로 차량 기능을 정의하고 설계하는 SDV~Software-Defined Vehicle~가 있고, 클라우드에 사용하는 데이터 센터의 리소스를 가상화하는 SDDC~Software-Defined Data Center~도 대표적인 사례다. 앞으로 더 많은 산업 영역이 소프트웨어로 정의될 것이며 이젠 스스로 담을 헐고 살아남기 위한 창조적인 노력을 서둘러야 한다.

만장일치보다
불일치의 최소화

우리나라에 인터넷이 도입된 지 40년이 넘었다. 국내 인터넷 확산이 본격화되던 90년도 영화 〈접속〉에서 남녀 주인공은 인터넷 채팅으로 연락하다 결국 만나 사랑하게 된다는 내용이다. 지금은 사라진 종로 피카디리극장 앞에서 두 배우가 만나는 장면은 꽤 유명했다. 영화 포스터에 '그 사랑에 접속된다'라는 표현처럼 접속이 곧 인터넷이다. 인터넷은 수많은 기술로 이루어져 있으나 보이지 않는다. 하지만 그 존재가 드러날 때가 있는데 컴퓨터나 스마트폰에서 네이버나 카카오톡을 사용하다가 "접속할 수 없습니다"라는 에러 메세지가 뜰 때다. 보이지 않는 인터넷이 기술적 문제로 연결되지 않는다는 것이다. 인터넷에 문제가 생기면 삶이 불편한 것을 넘어 심각해지기도 한다. 한때 데이터센터 화재로 인해 카카오톡이 먹통이 되었을 때 단순 메신저 사용자는 불편을 겪는 정도였지만 카카오 서비스로 사업을 하는 수많은 이들은 큰 손해를 봤다.

　인터넷 연결에 필요한 기술들은 IETF~Internet Engineering Task Force~라는 국제단체에서 정의하고 인터넷에 연결하는 모든 장비와 서비스는 표준을 준수하여 기술을 개발한다. 모든 기술은 무료로 오픈하는 것을 원칙으로 한다. 특허를 주장하는 분쟁이 간혹 있었지만 지금은 찾아보기 힘들다. 이유는 우리 사회가 인터넷을 상호 호환성과 연결성이 보장되는 공공재로 인식하기 때문이다. 따라서 특허 주장으로 인해 연결되지 않는 부분이 늘어난다면 결국 인터넷 생태계 전체를 위협할 수 있어 서로의 목적을 위해 공공재를 함께 보호하고 지키기 위한 윈윈~Win-Win~ 전략이다. 하지만 내가 IETF 표준 업무를 시작하던 2000년 초만 하더라도 국내에서 인터넷 표준에 대한 인식이 높지 않았다. 기업이 돈과 사람을 투자해서 만든 기술을 무료로 누구나 사용할 수 있게 오픈한다는 것이 사업적으로 이해되지 않는 분위기였다. 당시 연구소 선배들은 인터넷 표준 기술은 공짜로 개발할 때 쓰면 되는 정도로 인식했다.

　인터넷 표준은 오픈소스와 목적이 같다. 기업은 가지고 있거나 필요로 하는 기술을 IETF에 제안하고 토론과 투표를 거쳐 표준으로 채택되도록 한다. 표준이 된다는 건 해당 기술이 인터넷에 적용되어 사용된다는 의미다. 이는 다른 경쟁자는 자신의 기술이 있어도 채택된 표준을 따라 기술 개발해야만 인터넷에서 연결성을 확보할 수 있어 경쟁 기술은 무용지물이 될 수 있다. 결국 표준 채택의 의미는 특허 주장을 통해 로열티를 받는 것이 아닌 기업이 갖고 있는 기술로 시장을 선점하고 경쟁자를 앞서는 사업적 목적이다. 인터넷이라는 사회 공공재 속에서 기업은 각자 목적에 따라 활동한다.

IETF 속을 들여다보면 어떻게 오픈표준에서 싸워야 하는지 가늠해 볼 수 있다. 연 3차례 정기회의에는 천여 명이 넘는 참석자들이 모인다. 일부는 회의실이 모자라 통로 바닥에 앉아서 이야기하기도 한다. 노트북 하나씩 가지고 무언가를 테스트하는 건지 서로의 화면을 보며 코딩하고 또 다시 논의하는 모습을 어렵지 않게 볼 수 있다. 처음 참석한 나는 그들의 대화에 참여하고자 이리 저리 다니며 명함을 건네고 정중히 인사했다. 헌데 어색하게 내 명함을 받기는 하고 자신의 명함을 주지는 않았다. 여기서는 명함이 아무 필요가 없다는 것을 나중에 깨달았다. 인터넷 표준 기술은 대부분 이메일을 통해 논의한다. 회의 전에, 아니 회의 중에도 필요한 논의를 모두 이메일로 한다. 그렇기에 명함보다 이메일 주소가 협업하기에 더 효과적이었던 것이다. 오픈소스에서의 깃 아이디도 같은 이유다. 이후에는 나도 더 이상 명함을 뿌리고 다니며 내가 누군지를 알리는 행동을 하지 않았고 온라인에서 인지도를 높이기 위해 집중했다.

어느 회의장에 들어서니 발표자가 기술 제안을 하고 있었다. 발표가 아직 끝나지도 않았는데 참석자 중 여러 명이 회의실 중앙에 서 있는 마이크 앞으로 줄을 선다. 줄이 길어지자 발표자가 "질문 있으신가요?"라고 물었고 마이크 앞에 줄서 있던 많은 사람들이 자신들의 의견을 주기(생각을 나누기) 시작한다. 그중에는 질문을 하는 사람도 있었지만 대부분은 질문보단 의견제시다. "지금 제안하는 기술과 관련하여 참고할 기술들이 지난 회의에서 논의되었으니 참고하면 도움이 될 것 같네요"라거나 "제안하는 기술에 저도 좋은 의견이 있는데 발표 후에 만나서 논의하면 좋겠어요" 같은 피드백을 준다. 한국에서는 발표 후에 "질문 있나요?"라고 묻거나 아니면 한두 명을 지명해서 질문을 강요하는 경우가 보통이었다. 사실 발표 말미에 "질문 있나요?"라고 하면서 진짜 질문을 기대하기보다는 일종의 매너 있게 발표를 마치고자 하는 형식적 절차 정도로 보는 게 맞지 않나 싶다. 인터넷을 연구하다 보면 'Best-Effort'라는 말을 자주 듣는다. 말 그대로 '최선을 다한다'는 뜻이다. 대부분의 무료 서비스들이 그렇듯 인터넷도 태생 자체가 100% 연결성을 보장하지 않는 접근에서 시작됐다. 서로 연결하여 전달하는 정보는 최대한 손실 없이 전달될 수 있도록 설계했지만 100% 보장은 아니라는 뜻이다. Best-Effort 정신은 인터넷이 전 세계로 빠르게 확산되는 데 핵심적인 개념이다. 인터넷 초기에 완벽한 품질을 보장하는 방식의 연결 기술들도 제시되었지만 지금은 사라지고 없다.

몇 차례 IETF 회의를 참석한 후 나는 기술 하나를 제안할 수 있었다. 나에게 주어진 발표 시간은 15분. 순서가 되어 발표를 했고 중간에 어김없이 오픈마이크에는 여러 사람들이 줄을 서서 질문과 피드백을 해주었다. 그렇게 발표를 마치고 나는 회의를 주관하던 의장을 쳐다봤다. 내 의도는 '이번에 제안한 기술이 참석자 반응도 좋으니 표준으로 채택하면 안 되겠느냐'라는 것이었다. 내 의도를 눈치 챘는지 의장이 참석자들에게 질문한다.

"지금 제안한 기술에 대해 동의하시는 분들은 허밍humming하세요."

그러자 몇몇 참석자들이

"음-음-"

하는 것이다.

그러자 의장이 나를 보며 말했다.

"아직 기술에 대한 우리의 합의$_{consensus}$가 이루어 지지 않은 것 같으니 좀 더 관련된 사람들과 논의해서 기술을 보강한 후 다시 논의를 하도록 하죠."

그렇게 회의를 마치고 나는 좀 당황했다. 합의를 위해 투표를 한다거나 아니면 거수를 하는 것도 아니고 그냥 허밍을 하다니. 나중에 알았는데 장난 같아 보인 허밍은 IETF만의 독특한 기술 채택 합의 방법으로 IETF 공식 표준 문서인 RFC$_{Request For Comments}$ 7282에 기록되어 있다. 배경은 오픈의 이유에서 찾을 수 있다. 인터넷의 신조는 한 개인이 독단적으로 결정하도록 하지 않으며 다수결로 실리를 추구하는데 목적이 있다. 모두의 동의보다 불일치를 최소화하는 것을 더 중요하게 생각하며, 또한 다수가 모인 장소에서 서로 허밍으로 흥얼거리며 '즐기며 일하자'는 목적도 있다. 이렇게 함으로써 나의 생각과 다른 것들을 수용하고 완벽하지 않지만 함께 최선을 다해 노력하여 더 좋은 인터넷을 만들어 가고자 하는 모두의 의지인 것이다. 이후 나는 두번이나 더 발표를 한 후에 제안한 기술이 채택되었고 그때의 "음-음-"하는 커다란 허밍소리는 나에겐 "우리 함께 더 열심히 노력해봐요"라고 외치는 참석자들의 응원으로 들렸다.

지금도 IETF 에서는 허밍하며 즐겁게 함께 어울리고 협력하지만 참석자들은 각자의 목적을 향해 치밀하게 움직인다. 오픈에서 완전한 합의는 불가능하다. 특히 오픈에서 성공한 사례들은 공통적으로 완벽을 고집하기보다는 불완전하지만 빠르게 합의하고 끊임없이 발전하며 성장했다. 오픈에서 만장일치를 추구한다는 것 자체가 넌센스다. 오픈에서 이기기 위해서는 자신이 원할 때 함께 허밍해줄 내 편의 확보가 더 중요하다.

Code is King

인터넷 브라우저를 둘러싼 웹킷과 블링크 싸움은 오픈소스 개발자들에게 유명하다. PC나 스마트폰에서 인터넷 검색할 때 브라우저browser를 사용한다. 아이폰의 사파리Safari나 갤럭시의 크롬Chrome이 브라우저다. 브라우저는 인터넷 정보를 화면에서 보기 좋게 표현하는 역할을 담당하며, 실제 정보들 즉 어디가 글자이고 어디가 그림이며 화면 어디에 어떤 색과 크기로 표현할 것인지를 처리하는 기술은 브라우저 내부 별도 처리 기능이 필요한데 그것을 렌더링rendering이라고 부른다. 모든 브라우저에 렌더링 기능은 필수이며 어떤 렌더링 기술을 사용하느냐에 따라 브라우저 성능이 달라진다.

스마트폰이 등장하기 전까지 애플이 개발하여 오픈한 웹킷Webkit 오픈소스는 렌더링의 최강자였다. 2008년 9월 구글이 처음 크롬 브라우저를 출시할 때도 렌더링은 웹킷을 사용하는 게 당연할 정도였다. 크롬을 출시하고 구글은 공격적으로 크롬 브라우저 확대에 나섰다. 당시 안드로이드를 스마트폰 시장으로 확대하던 시점이라 타이밍도 적절했다. 스마트폰 사용자들은 아이폰 사파리 브라우저와 안드로이드 크롬 브라우저를 직접 비교하기 시작했다. 특히 똑같은 인터넷 사이트를 접속할 때 어떤 브라우저가 더 빨리 보여주는지, 다시 말해 렌더링이 더 빠른지가 최대 관심사였다. 사실 스마트폰 사용자 대부분은 두 개의 다른 브라우저가 똑같은 렌더링 기술을 사용한다는 걸 몰랐기 때문에 비교가 큰 의미는 없었다. 그럼에도 아이폰이 더 빠른지 아니면 안드로이드폰이 더 빠른지 자주 논쟁하곤 했다. 구글에게 브라우저는 매우 중요한 사업 수단이다. 구글은 수익 대부분을 인터넷 광고로 얻는다. 브라우저로 구글 검색을 할 때 화면에 표시되는 광고가 그것이다. 결국 크롬 브라우저 점유율 확대는 광고를 노출할 수 있는 소비자를 확보하는 것과 같은 의미여서 크롬 출시 후 성능과 기능 개선을 위해 많은 개발자를 웹킷 오픈소스에 투입했다. 당시 개발자들 사이에서는 웹킷 오픈소스를 구글이 개발해서 공개한 건가 싶을 정도로 애플보다 웹킷 기술 발전을 주도했다. 하지만 결국 두 진영의 협업에 균열이 생겼다.

스마트폰 사용자가 급증하면서 아이폰 브라우저와 안드로이드폰 브라우저의 일대일 경쟁은 불가피했다. 특히 웹킷은 애플이 시작한 오픈소스여서 프로젝트 분야별 커미터Committer라 부르는 개발자들이 기여하는 코드를 리뷰하고 승인하는 리더 대부분을 애플이 차지하고 있었다. 구글 개발자들은 크롬 브라우저에 필요한 새로운 기능을 공격적으로 오픈소스에 기여했지만 애플 출신 커미터에 의해 채택이 지연되거나 거절되곤 했다. 결국 크롬 신규 버전 발표에도 영향을 미치기 시작했고 마침내 2013년 구글은 새로운 렌더링 오픈소스인 블링크Blink를 시장에 공개하며 독자 노선을 선택했다. 현재 브라우저 시장에 렌더링 오픈소스는 두 가지, 즉 웹킷과 블링크가 존재하며 각자는 지금도 많은 개발자들이 협력하며 오픈소스를 개발하고 있다.

주목해야 할 부분은 구글이 어떻게 독자 오픈소스를 확보할 수 있었느냐 하는 것이다. 웹킷 오픈소스에서 구글은 이미 상당한 영향력을 지녔는데 그 영향력 기반은 많은 양의 코드 기여다. 오픈소스 소프트웨어에서 유명한 말이 있다.

"Code is King"

오픈소스에서는 기여한 코드 양이 곧 힘이고 영향력이다. 구글이 웹킷에 처음 참여할 때부터 독자 노선을 계획했는지는 알 수 없지만 애플과 큰 마찰이 없었다면 굳이 같은 목적의 다른 오픈소스를 만들 이유는 없다. 하지만 경쟁 사회에서 불투명한 미래에 가장 확실한 대응 전략은 '코드 기여를 늘리고 리더십을 확보하는 것'이다. 오픈소스에서 다른 새로운 오픈소스를 만드는 건 어렵지 않다. 이를 포크fork라고 하며 우리가 잘 아는 '복붙copy and paste'이다. 하지만 복붙 이후 독자적으로 운영하며 개발자를 확보하고 이미 시장에 자리잡고 있는 친정집을 견제하며 발전하는 것은 결코 쉽지 않다. 구글이 해낼 수 있었던 건 결국 기술력이다. 2013년 포크 이후 구글 개발자들은 블링크 신규 오픈소스에 집중했고 그 때문에 한동안 웹킷의 발전이 주춤했다. 이후 두 개의 오픈소스는 각자 목적에 따라 성장하고 있다. 특히 2018년 마이크로소프트가 블링크를 사용한다는 공식 발표 후 웹킷을 앞서가는 모양새다.

 오픈소스에 참여하고 있다면, 그리고 그 오픈소스가 나에게 중요하다면 지금 당장 코드 기여를 늘려라. 그리고 인지도를 높여 리더십을 확보하라. 그래야 위기 상황에 비굴함을 피할 수 있다.

사용설명서
확인은 필수

특허 괴물patent troll이란 말이 있다. 기술 생산력은 부재하나 가치 있는 기술에 대해 특허를 출원하고 이를 토대로 특허를 침해한 기업을 상대로 소송을 제기하여 수익을 얻는 특허 전문 회사를 일컫는다. 우리 삶에 IT 기기가 늘어나면서 특허로 인한 분쟁은 끊이지 않고 있다. 특허 소송에 휘말려 기업이 위기에 처하는 경우도 있다. 그렇다면 오픈소스에서는 이런 일이 일어나지 않을까?

  오픈소스는 기여하는 기술에 대한 특허를 무상으로 허여함을 가정한다. 물론 명확히 명시되어 있는 라이선스도 있지만 그렇지 않은 경우도 '공유와 협력'을 통해 서로 원원하는 목적의 오픈소스에서 서로 공격하는 사례는 거의 볼 수 없다. 과거 오픈소스 초창기에는 많았지만 지금은 그만큼 오픈소스에 대한 인식과 문화가 성숙해졌다. 만약 오픈소스를 사용하면서 전 세계 모든 특허를 직접 확인해야 하고 혹시 모를 특허 위협을 걱정해야 한다면 지금과 같은 오픈소스의 부흥은 불가능했다. 그렇지만 오픈소스에 법적 분쟁이 없다는 말은 아니다. 사람이 모이고 이익이 늘어나는 곳엔 언제나 잡음이 생기기 마련이다.

리눅스 커널의 초기 개발자로 참여하여 활동하던 패트릭 맥하디는 2013년 독일에서 50개 넘는 회사를 상대로 GPL 라이선스 위반 소송을 제기했다. GPL 라이선스가 붙은 오픈소스 소프트웨어는 무료이나 사용하면서 수정하는 부분은 반드시 코드를 공개해야 하는 조건이 있다. 리눅스 커널이 대표적인 오픈소스이며 이와 같은 조건의 목적은 오픈소스를 함께 사용하고 함께 공유하자는 건강한 취지다. 만약 각자 수정하는 코드를 공개하지 않는다면 향후 오픈소스는 여러 변종이 생겨나 결국 하나로 뭉쳐지는 동력이 떨어질 수밖에 없다. GPL에서 규정하는 규칙만 잘 지키면 무료로 사용하는 데 전혀 문제없다. 하지만 개발자들이 오픈소스를 사용하면서 GPL 라이선스를 확인하지 않고 사용하거나 GPL에 대한 이해도가 낮아 규칙을 의도치 않게 위반하여 사용하는 경우가 종종 발생한다. 패트릭은 이 부분을 노렸다. 우선 패트릭은 GPL을 위반한 회사를 찾아 소송을 제기했다. 특히 법적 소송이 오래 걸린다는 점을 악용하여 기업에는 별도 합의금을 요구했고 상당수 기업이 영업 방해를 우려하여 적절한 수준에서 합의하기도 했다. 이런 경우를 저작권 괴물copyright troll이라고 부르기도 했다. 국내에도 여러 기업이 유사한 공격을 받았고 7년 반 동안 80개가 넘는 회사에 접근한 것으로 알려졌다. 최근 기업의 오픈소스 사용이 늘면서 GPL에 대해 각별한 주의를 요하고 관리하는 노력이 필요하다. GPL 오픈소스는 나쁘다는 의미가 아니며 속을 잘 확인하고 사용해야 한다는 것이다.

최근 오픈소스의 사용 범위를 한정하는 라이선스를 자주 목격하게 된다. 어느 날 급히 한 개발자에게서 문의가 왔다. 프로젝트를 진행하면서 필요한 오픈소스를 인터넷에서 찾았는데 라이선스가 애매하다는 것이다. 내용을 확인해보니 해당 오픈소스 라이선스에 다음 문구가 적혀 있었다. "오픈소스는 누구나 무료로 사용할 수 있다. 하지만 연구용Research Only에 한해서 가능하며 상업용Commercial Use으로 사용할 경우 사전에 연락해야 한다." 특히 AI 연구가 늘면서 이와 같은 문구를 가진 오픈소스를 자주 본다. 이런 경우 해석에 어려움이 있다. 대학교나 연구기관 같은 경우에는 문제가 없다. 하지만 기업의 경우에는 상황이 다르다. 기업의 모든 연구는 궁극적으로 상업용을 목적으로 한다. 수개월 또는 수년 내 상품이나 서비스 개발을 하지 않더라도 기업에 속한 개발자가 오픈소스를 사용하여 연구하는 모든 지식과 노하우는 결국 어떤 형태로든 직간접적으로 사업에 활용된다. 이런 이유로 최근 오픈소스를 공개한 측과 기업이 법적 다툼을 하는 경우가 발생하고 있다. 이런 종류의 오픈소스를 '불량 오픈소스'라고 할 수 있다.

다른 형태의 불량 오픈소스는 내팽겨쳐진 것들이다. 언뜻 보면 그럴싸해 보이는 오픈소스들이 있다. 하지만 속을 들여다보면 오래도록 방치되고 관리되지 않아 참여하는 개발자 흔적이 보이지 않는 것도 많다. 처음 오픈할 때의 의도와 무관하게 방치된 오픈소스는 불량일 가능성이 크므로 불가피하게 사용해야 한다면 철저히 속을 확인한 후 써야 한다. 오픈소스에서 개발자가 떠났다는 건 수익, 혁신, 트렌드, 매력 등 오픈의 특징이 사라졌다는 반증이다.

지금 이 순간에도 오픈소스는 생겨나고 또 사라진다. 전 세계에 오픈소스가 몇 개인지 정확히 아는 사람이 없는 이유이기도 하다. 오픈의 껍데기가 아닌 속 알맹이를 봐야 하는 이유다. 오픈소스 소프트웨어 외에도 인터넷에 오픈된 수많은 컨텐츠를 자세히 살펴보면 각자의 사용설명서를 가지고 있다. 대표적인 것이 크리에이티브 커먼즈 라이선스Creative Commons License('CC라이선스'라고 한다)라고 할 수 있다. CC라이선스는 저작자가 자신의 저작물에 대해서 일정한 조건하에 모든 이의 자유이용을 허락하는 라이선스다. 유튜브나 블로그 등에서 쉽게 찾아볼 수 있다. CC라이선스가 붙은 저작물을 사용할 때는 조건들만 잘 지키면 아무 문제없다.

오픈된 소스들은 사용하기 전에 일종의 '사용설명서'라고 할 수 있는 라이선스를 꼼꼼히 확인하는 노력 정도는 무료로 사용하는 사용자에게 필수라고 할 수 있다. 그래야 나중에 탈이 나지 않는다는 것을 명심해야 한다.

공짜 점심은
없다

오픈소스 사용이 늘면서 끊이지 않고 제기되는 이슈가 바로 오픈소스의 보안 취약점이다. 해커나 나쁜 의도를 가진 외부 개발자들이 오픈소스의 보안이 취약한 부분을 악용하여 서비스나 제품을 해킹하거나 오픈소스를 사용하는 회사 내부망에 접속하여 악의적 행위를 한다. 일각에서는 컴퓨터 역사상 최악의 취약점이라고 표현하기도 하는 '아파치 로그포제이Apache Log4j'가 가장 대표적인 사례다. 이름과 같이 로그포제이는 전산 시스템에 여러 가지 기록(우리가 로그를 남긴다고 하는 바로 그 Log)을 남길 때 사용하는 소프트웨어로 오픈소스 대표적 비영리 단체인 아파치 소프트웨어 재단Apache Software Foundation에서 2001년 공개했다. 이후 대부분의 웹 서버에서 사용되었는데 2021년 12월 취약점이 발견되었다. 해당 취약점을 통해 외부에서 회사 내부의 서버에 접속하여 로그뿐만 아니라 모든 서비스를 마음대로 조작할 수 있는 매우 치명적인 문제였다. 이후 아파치 재단은 즉시 취약점을 보강하는 소프트웨어를 제공하였고 기업도 각자 방식으로 취약한 부분을 대응했다.

로그포제이 사건으로 인해 오픈소스의 취약점에 대해 경각심을 갖게 했다. 그렇다면 로그포제이 이후 기업의 오픈소스 사용은 감소했을까? 오히려 기업의 오픈소스 사용률은 지속적으로 늘고 있고 기술 범위도 넓어지고 있다. 물론 기업마다 오픈소스 취약점을 대처하는 시스템이나 솔루션을 보강하며 각자 대응책을 마련하는 데 집중하고 있다. 오픈소스의 보안 취약점은 누구의 책임이라고 해야 하나? 오픈소스를 개발해서 무료로 공개한 사람에게 책임을 묻기 어렵다. 오픈소스 스스로도 '취약점 전담 워킹 그룹' 같은 것을 신설하여 공개하기 전에 꼼꼼하게 취약점을 확인하는 자정 역할을 늘려가고 있다. 그럼에도 "세상에 공짜 점심은 없다"라는 말처럼 결국 취약점 대응의 책임은 사용자에게 있다.

크리스 앤더슨의 『프리: 비트 경제와 공짜 가격이 만드는 혁명적 미래』에서는 오픈소스 소프트웨어에 대해 다음과 같이 강조한다.

"… 디지털 비트 경제학에 기초한 21세기 공짜 모델에서는 … 감춰진 비용은 과거의 감춰진 비용과는 성격이 좀 다르다. 예를 들면 공짜 제품의 경우 보증 서비스를 받을 수 없다. 정품과 달리 사용상의 주의점에 관한 설명이 없고, 공짜를 사용하다가 뭔가 문제가 생기면 보증 서비스를 받지 못하는 대가를 치러야 한다. 한마디로 21세기 공짜 모델에서는 과거와 같은 감춰진 비용은 필요치 않다고 할 수 있다. 또한 무료가 유료만큼 우수할 수도, 혹은 유로보다 더 우수할 수도 있다.

속임수도, 함정도, 조건도 필요치 않을 수도 있다. 오픈소스 소프트웨어를 생각해보라."

소프트웨어의 취약점은 불가피하다. 이는 오픈소스에만 해당하는 것이 아니며 상용 소프트웨어에서도 취약점은 발생한다. 지금 이 순간에도 스마트폰에서 소프트웨어를 업데이트하는 이유도, 모니터에 "지금 바로 업데이트하세요"라는 알림 메시지가 올라오는 이유이기도 하다. 다만 돈을 주고 구매한 소프트웨어의 경우 문제가 발생하면 수리를 요구하거나 경우에 따라 손해배상을 청구할 수 있다. 하지만 오픈소스는 문제를 제기할 대상이 없으므로 사용자가 주의하는 방법밖에 없다. 이에 오픈소스의 공개 특성을 우려하는 사람도 있다. 모두에게 오픈되어 있다 보니 악의를 가진 사람이 의도적으로 취약한 부분을 오픈소스에 만들어 배포한다는 합리적인 의심이다. 하지만 반대로 오픈소스를 지켜보고 감시하는 눈이 상용 소프트웨어보다 훨씬 많아서 더 안전하다고 주장하는 사람도 있다. 오픈소스뿐만 아니라 오픈표준을 제정하는 곳에서도 보안은 필수로 강조한다. 인터넷 표준 기술을 정의하는 IETF에서는 모든 표준 기술에 보안 고려사항security considerations 항목을 반드시 추가하도록 가이드하고 있다. 오픈이라서 보안에 더 취약한 것은 아니다.

   보안이라고 할 수는 없지만 대표적 오픈 플랫폼인 유튜브에서는 소위 '뒷광고' 잡음이 끊이질 않는다. 뒷광고는 구독자가 많은 파워 유튜버가 돈을 받고 광고하는 물품을 마치 자신이 선택한 것처럼 소개함으로써 소비자를 현혹하는 행위다. 비난 여론과 법적 제재를 받으면서 많이 사라졌지만 소비자가 구분하기 어려운 꼼수는 오픈 플랫폼에 여전히 많다. 나는 오픈이 더 안전한지 또는 그렇지 않은지를 비교하여 우열을 가리고자 하는 것이 아니다. 다만 오픈소스는 공짜로 주어지는 소스이므로 사용하는 측에서 불이익을 당하지 않도록 철저히 관리하고 검증하는 수고와 노력은 필요하다는 것을 강조하고자 한다. 순수하지 않은 오픈을 대하는 사용자의 몫이다. '다들 많이 사용하니까 괜찮겠지'라는 순진한 생각이 자칫 생각지 못한 비싼 점심값을 치르게 할 수도 있으니 말이다.

5
오픈의 시대 어떻게 대처할 것인가

아이들이 학교에서 가장 듣기 싫은 말이 "나대지 마라"라고 한다. 그러고 보니 나도 비슷한 말을 듣고 자랐다. "침묵은 금"이라거나 "모난 돌이 정 맞는다"라거나 "가만히 있으면 중간은 간다"처럼 표현은 다르지만 의미는 같다. 이런 말이 아니더라도 학창시절 수업 마지막에 선생님의 "질문 있는 사람?"이라는 말에 "저요"라고 손드는 것은 스스로를 공공의 적으로 만든다는 사실 정도는 누가 가르쳐주지 않아도 눈치로 알 수 있었다. 어쩌면 우리는 오픈할 수 없는, 정확히는 오픈하지 않는 것이 유리한 사회에 살았다.

하지만 아이러니하게도 우린 일상 생활에서 '오픈 마인드'라는 말을 다양한 상황에서 자주 사용한다. "그렇게 생각하지 말고 오픈 마인드를 좀 가져라" "오픈 마인드로 다시 해봐" 뭔가 좋은 의도인 건 알겠는데 도대체 뭘 오픈하라는 건지 그리고 마인드는 무엇을 의미하는 건지도 명확치 않다. 굳이 번역한다면 '열린 생각' 또는 '열린 마음' 정도 아닐까 싶다.

지금까지 오픈은 '열다' 그 이상의 다양하고 복잡한 의미를 살펴봤는데 정작 우리 생각과 마음은 아직도 열려 있지 않은 것 같다. 일종의 '오픈지체현상'이다. 전 세계에서 벌어지는 오픈을 보니 분명 가치 있고 좋은 것이지만 내면의 나는 아직 망설이고 있다.

오픈이 만드는 혁신의 속도에 맞춰 우리도 사회 전반을 돌아보고 변화의 속도를 높여야 할 때다. 우리 삶에 이미 와 있는 오픈의 시대 우린 어떻게 대처해야 할까?

오픈하라, 한 번도
상처받지 않은 '것처럼'

춤추라, 아무도 바라보고 있지 않은 것처럼
사랑하라, 한번도 상처받지 않은 것처럼
노래하라, 아무도 듣고 있지 않은 것처럼
일하라, 돈이 필요하지 않은 것처럼
살라, 오늘이 마지막 날인 것처럼

'사랑하라, 한번도 상처받지 않은 것처럼'_알프레드 디 수자

이 시를 지은 사람이 어떤 상황에 있었는지 알 수는 없지만 나의 시선은 항상 '것처럼'에 머문다. '것처럼'이 나에게 주는 의미는 다른 이가 뭐라고 해도 하고 싶은 대로 해보라고 들린다.

나에게 오픈이 그랬다. 오랜 동안 우린 '중간만 가자'는 심정으로 하고 싶은 말을 참고 일어서고 싶은 마음을 억누르며 살았다. 다행히 지

금 세대는 자신을 드러내는 데 예전보다 자신 있어 보인다. 오픈의 기본 중 기본은 '나를 표현하는 것'이다. 말하지 않아도 느낌으로 알 수 있기도 하지만 정확하지 않다. 말하지 않으면 모른다. 특히 오픈의 대상은 가족이나 친구가 아닌 일반 대중이다. 그것도 나에게 호감보다는 의구심이나 적개심을 가지고 있는 경쟁자와 이심전심으로 마음을 나눌 수는 없다. 때로는 오픈하면서 마음속 생각과 목적을 들키지 않아야 하는 경우도 허다하다. 틱톡의 이소라 글로벌 프로덕트 마케팅 총괄의 인터뷰다.

"특히 한국이 나대는 걸 싫어 하잖아요. 저는 그 문화가 좋지 않다고 생각해요. 나대야지 들리죠. 만약에 한국 스타트업이 피칭을 한다면 나대야지 펀드레이징을 받고 뭐든 진행이 되는데 본인이 개인 PR도 잘 못하고 회사 PR도 못하면 판매도 못하고 외화도 못 벌어오겠죠. 그런 것처럼 회사 주변 사람들도 그렇고 높은 사람들도 그렇고 다 자기 삶이 바쁘기 때문에 남이 뭘 했고 얘가 한 게 뭐고 이런 거 기억 못 해요. 바쁜 현대사회에서 노이즈를 뚫고 '나'라는 사람을 동료든 상사에게 나를 기억하게 할 수 있는 부분이 뭐가 있을까. 나를 설명하는 훅$_{hook}$이 뭔지 생각을 하는 거예요."

미국 기업에서 그녀가 직접 겪은 조언이 오픈에 있어 핵심이라 생각한다. 그렇다면 오픈의 세계에서 '나'를 기억하게 할 수 있는 방법은 뭘까. 나의 경험을 바탕으로 세 가지를 오픈한다.

짧게 자주 말하라. '아무 말 대잔치'를 하라는 의미가 아니다. 너무 오래 생각하지 말고 어느 정도 논의 흐름에 맞다면 일단 말하라고 제안한다. 일장연설을 할 필요도 없고 박수를 받을 만큼 멋진 표현이 아니어도 괜찮다. 초청 연설을 하는 것이 아니다. 특히 오픈에서는 한 번에 길게 말하는 것보다 짧고 간결하게 여러 번 주고받는 것이 훨씬 효과적이고 모두가 선호한다. 오픈소스 소프트웨어의 개발은 수십 명 또는 수백 수천 명이 공동으로 코드를 개발하고 통합해가는 과정이다. 다수의 개발자들이 자신의 생각을 코드로 만들고 그것을 오픈소스에 제안한다. 이후 전문가들이 거칠게 리뷰(논문처럼 오래도록 여러 사람이 검토하는 방식이 아닌 제안한 코드를 검토 가능한 한두 명의 리더가 빠르게 검토하고 '+1' 'not bad' '코드를 받아들여도 괜찮아 보임' 정도의 표시를 하면 승인되는 방식)하고 코드를 수용해간다. 모든 오픈소스 전문가가 코드를 제안하는 개발자에게 공통적으로 당부하는 것은 한 번에 긴 코드를 기여하지 말고 '짧게 짧게' '그때그때' 기여해달라는 것이다. 혼자 오래도록 생각하여 제안하는 것을 오픈에서는 선호하지 않는다. 오픈표준의 대표적인 IETF에서도 거칠게 합의하고 투표가 아닌 허밍으로 빠르게 진행한다. 또한 이메일로 합의할 때도 '+1' 표시는 동일하게 사용된다. 일종의 오픈에서 동의를 뜻하는 글로벌 표준어라고 할 수 있다. 오픈 플랫폼에서도 긴 영상이나 글은 인기가 없고 비호감이다. 숏폼의 중독성이 사회적으로 문제이지만 오픈에서는 미덕이다. 골프에서도 인터벌 긴 사람이 제일 밉상이다. 하수일수록 인터벌이 길다. 오픈은 우리 사회의 모든 인터벌을 빠르게 하고 있다. 『강원국의 글쓰기』 강원국 작가의 말을 기억하자. "잘 쓰는 사람은 잠깐 쓰고 오래 고친다. 못 쓰는 사람은 오래 쓰고 잠깐 고친다." 오픈의 흐름에 얼추 비슷하다면 먼저 말하라. 짧은 몇 마디여도 좋다. 우선 말하라. 그런 다음 고치거나 보완할 부분이 있다면 다시 말하면 된다. 오픈에서 당신이 짧게 말했다고 비난하는 경우는 없다. 수많은 오픈 전문가들도 그렇게 시작했고 성장했다.

앞에 서라. 오픈에서는 느슨하게 정의된 규칙하에 거칠고 빠르게 합의하며 전진한다. 그래서 항상 흐름을 주도하는 소수의 주동자들이 있기 마련이다. 이들을 보통 '빅마우스big mouth'라고 부른다. 이들은 오픈에서 인지도가 높고 영향력 있으며 말도 많다. 특히 이해관계가 첨예하고 관철시켜야 하는 요구사항이 명확할 때는 오픈의 맨 앞에 서는 것이 반드시 유리하다. IETF 워킹그룹 의장을 맡고 있던 시절 몇몇 IETF 빅마우스들과 어떻게 하면 내가 제안하는 기술을 무리 없이 채택할 수 있을지를 물었다. 그들의 대답은 의외로 간단했다.

"대니얼(내가 오픈 전문가로 활동하면서 사용하는 오래된 닉네임이다) 당신이 워킹그룹 의장이잖아. 그러면 승인에 대해 합의할 때 참석자에게 이렇게 묻는 거야. '해당 안건에 대해 강하게 반대하는 사람은 허밍해주세요'라고."

나는 보통 "해당 안건에 대해 찬성하는 사람은 허밍해주세요"라고 승인 동의를 구했었다. IETF 빅마우스들의 의도는 의장 리더십을 최대한 활용하라는 것이었다. 사실 참석자의 다수는 중간 입장인 경우가 많다. 강한 찬성도 아니지만 그렇다고 강한 반대도 아니다. 그러다 보니 어느 쪽으로 결정 나면 그쪽으로 쉽게 따라간다. 우리 삶에서도 뭔가를 결정할 때 많이 경험하는 상황이기도 하다. 나는 어렵지 않게 원하는 것을 얻을 수 있었다. 오픈에서 반칙을 말하려는 것이 아니다. 오픈에서는 규칙과 규정이 다소 애매한 경우가 많고 정반합으로 논의하고 협의하여 결정하는 것이 상식이다. 그렇기에 뒤에서 따라오는 다수는 앞에 선 소수를 의지하고 신뢰하게 된다. 목적 없이 참여하는 오픈에는 굳이 앞에 설 필요가 없겠지만 만약 분명한 목적이 있다면 오픈에서 자신의 인지도를 높이고 앞에 서는 것이 반드시 유리하다.

척하지 마라. 오픈은 글로벌이다 보니 공통으로 영어를 사용한다. 나는 아직도 '척하는 습관'을 완전히 버리지 못했지만 계속 노력 중이다. 특히 오픈에서 영어로 대화할 때 상대방 말을 정확히 이해하지 못하고 '알아들은 척' 넘기는 경우가 있다. 영어에 대한 울렁증이 아직도 사회적으로 만연하지만 영어가 모국어가 아닌 이상 불편한 건 당연하다. IETF 워킹그룹에서는 짧은 시간에 많은 사람이 발언한다. '짧게 자주 말하라'를 실천하는 많은 전문가들 때문이다. 사실 나는 다 알아듣지 못했지만 고개를 끄덕이며 '알아듣는 척'했다. 내심 회의를 매끄럽게 진행한다는 그럴듯한 핑계도 있었지만 공동의장인 가브리엘이 영어 네이티브이니 회의를 마친 후 다시 한번 물어볼 생각이었다. 회의를 마친 후 몇 군데 알아듣는 척하고 넘긴 부분을 공동의장에게 물었다. "가브리엘, 아까 회의 중에 마이크로소프트 개발자가 설명한 내용이 뭐였어요?" 그러자 그는 답했다. "나도 모르겠는데요. 무슨 소리 하는지 도무지 알아듣지 못하겠더라고요." 원어민도 원어민의 말을 다 알아듣지 못할 수 있다는 지극히 당연한 사실을 그때 깨달았다. 그 이후로 나는 '익스큐즈 미'를 더 많이 연발하며 정확히 이해하지 못한 부분을 되묻는 습관이 생겼다. '아는 척'이 쌓이면 자신감은 떨어지고 오픈에서 신뢰를 잃을 수 있다.

나를 드러내는 오픈은 늘 부담스럽다. 그렇지만 오픈에는 오픈이 답이다. 무수히 많은 상처를 받겠지만 그럼에도 계속 오픈하라. '상처받지 말고'가 아닌 '아무리 상처받아도 상처받지 않은 것처럼' 오픈하라. 시간이 지나면 상처는 반드시 아물고 나만의 '훅'이 흔적으로 남는다.

43.195Km를 목표로 뛰어라

마라톤을 완주한 사람들의 공통점은 골인 지점을 결승선에 맞추지 않고 그 보다 조금 더 멀리 잡는다고 한다. 끝이 보일 때 집중력이 떨어진다. 고도의 집중력을 필요로 하는 스프린트 스포츠 경기에서 이런 상황을 종종 목격한다. 1위로 달리던 주자가 결승선 직전에 2위에게 역전되는 모습은 보는 이를 즐겁게 하겠지만 한순간 1위를 빼앗긴 당사자는 그 순간을 평생 후회한다. 시험 종료를 앞두고 생기는 불안함과 포기, 프로젝트 마무리 단계에서 예기치 못한 실수 같은 것이 모두 골인 지점을 결승선에 맞췄기 때문이다.

내가 근무하던 연구소 모든 회의실과 벽에 'Aim High'라는 슬로건이 붙어 있던 적이 있다. 당시 연구소장이 항상 강조하던 말이다. 우리말로 하면 '목표를 더 높게' 정도이지 않을까. 오픈에는 정해진 결승선이나 생애주기가 없는 경우가 많다. 처음 오픈표준화를 시작할 때도 같은 고민을 하며 스스로 목표를 정했는데 성장에 도움되는 세 가지를 오픈한다.

인지도를 높인다. 2007년 연구원 시절 조선일보 기사에 〈내 이름 석자가 '브랜드'〉라는 사설이 실렸다. 당시 제일기획 최인아 전무가 올린 내용으로 치열한 경쟁의 산업 현장에서 끝까지 살아남을 수 있는 비결은 바로 자신만의 브랜드라는 내용이었다. 어느 대학을 나왔고 어느 회사의 어떤 직급인지 이름 앞에 붙는 모든 수식어를 빼고 남는 이름 석자의 인지도가 핵심이라고 강조한다. 오픈에서 인지도를 높이기 위해서는 우선 자주 드러내야 한다. 가장 먼저 집중적으로 참여한 건 메일링 리스트mailing list였다. 지금은 오픈소스를 비롯해 다양한 오픈에서 각자 소통 채널이 있으니 선택하여 참여하면 된다. 메일링 리스트는 이메일로 소통하는 대표적인 기능이다. 여러 메일링 리스트가 있는 경우 가장 많은 참여자가 있는 곳부터 활동을 시작했다. 지금도 그렇지만 메일의 50% 이상은 미국에서 그리고 40% 정도는 유럽 나머지 10%가 중국과 일본, 한국 등 아시아 지역에서 온다. 메일링 리스트에 전 세계 시차가 다 있다. 오픈에서의 논의는 즉시성과 휘발성이 매우 강하다. 흥미로운 주제가 시작되면 수십 또는 수백 개의 이메일이 오간다. 하지만 곧 다른 주제가 시작되면 앞의 주제는 메일 수신함 깊은 곳으로 밀려난다. 따라서 메일링 리스트에서 존재감을 드러내려면 논의에 '즉시on-time' 참여가 가장 좋고 그렇지 못할 때는 '약간의 지연in-time'으로라도 참여해야 흐름에 동참할 수 있다. 나는 집중 근무시간을 미국의 업무시간에 맞추어 새벽에 메일링 리스트에 참여했다. 어느 정도 메일링 리스트에서 인지도를 쌓은 후에는 대면 회의에서 발표하는 기회를 늘리며 현장 인지도를 높였다. 특히 오픈은 공식 회의 밖에서 삼삼오오 자유롭게 모이는 자리가 많다. IETF나 W3C에서도 회의장 밖 로비나 통로 또는 근처 식당에 몇 명씩 모여 열띤 토론을 하는 광경을 흔하게 볼 수 있다. 이들 목적은 회의장에서 기술 논의하기 전 우군을 확보하기 위한 일종의 사전 작업이다. 오픈에 중요한 로비 활동이며 기술 채택 시 목소리를 높여 허밍해주는 내 편이다. 그렇게 몇 년이 지나고서야 오픈에서 나를 먼저 알아보는 사람들이 생기기 시작했다.

'유니크unique'를 추구한다. 지금은 오픈표준이나 오픈소스의 중요성에 이견을 가진 사람이 거의 없다. 하지만 20년 전 국내 사업은 오픈보다 특허가 각광받던 시절이다. 특허를 통한 독점적 소유권으로 경쟁자와 차별화하는 것이 중요했고 당시 모든 연구원에게 특허 목표가 주어지기도 했다. 스튜어트 다이아몬드의 『어떻게 원하는 것을 얻는가』에서 협상에 중요한 요소로 '구체적인 목표와 유연한 힘'을 강조한다. 즉 나의 구체적인 목표는 '오픈'이었지만 상대방이 오픈의 가치를 직관적으로 이해하도록 그들의 언어로 접근했다. 먼저 오픈이 아직 낯선 대중에게 오픈과 특허는 상반되는 단어이므로 '오픈 표준화'가 아닌 '국제 표준화'측면을 강조하여 글로벌 기업의 방향과 맞췄다. 또한 브랜드와 마케팅을 활용하여 오픈의 가치를 강조하며 국내에서 실적이 없는 분야를 집중적으로 공략했다. 이미 실적이 많은 분야에서는 아무리 잘해봐야 어차피 2등이라 효과가 크지 않다. 이후 '한국 최초 인터넷 표준 채택(2004년)' '한국인 최초 IETF 인터넷 국제표준단체 워킹그룹 의장 선임(2006년)' '한국인 최초 W3C 웹 국제표준단체 워킹그룹 의장 진출(2008년)' '세계 최대 IoT 오픈소스 단체 설립(2016년)' 같은 결과가 가능했다. 나는 'Aim High'를 '최초'로 변환하여 목표를 위해 유연하게 대처했다. 나의 유니크는 최초였다.

한 우물만 파지 않는다. 오픈의 특징은 연결에 있다. 한쪽에서 잘하면 전혀 예상하지 못한 다른 쪽으로도 영향력이 연결된다. 리눅스 오픈소스 개발자가 금융사에서 일하고, 인터넷 개발자가 보잉에서 일하는 것과 같다. 한 우물만 파는 것이 잘못이라거나 나쁘다는 의미가 아니다. 오픈의 시대에 한 우물을 깊게 팠다면 다른 기회도 많다는 것을 기억하고 적극 활용하라는 뜻이다. 전제 조건은 자신의 깊은 우물 하나는 반드시 있어야 한다. 나는 인터넷에서 IETF라는 우물을 팠다. 그런 후 웹에서 W3C라는 우물을 어렵지 않게 팔 수 있었다. 인터넷과 웹은 오픈표준에서 떼려야 뗄 수 없는 사이다. 이후 오픈표준은 다시 오픈소스로 연결되어 지금까지 왔다. 일본의 저명한 경영자이자 컨설턴트인 사이토 다카시는 『일류의 조건』에서 자신만의 보편적인 기술로 다양한 분야를 넘나드는 능력을 갖춘 사람을 '일류'로 정의하는 이유이기도 하다.

마라톤 코스는 수시로 변한다. 언덕이 있고 내리막이 있으며 직선이 있고 또한 곡선도 있다. 마라톤의 목표는 완주에 있다. 오픈도 마찬가지다. 목표를 멀리 두고 여러 가지 오픈을 거치며 끝까지 가는 것이다. 그리고 반드시 결승선은 1km 많은 43.195Km 아니 45Km나 50Km로 잡아라.

기술 부채를
물려주지 말자

"후배에게 기술 부채technical debt를 남기지 말아라."

소프트웨어를 개발하던 선배들에게 자주 듣던 말이다. 기술 부채는 자산의 부채와 같은 개념이다. 부모가 자식에게 빚을 물려주고 싶지 않듯이 소프트웨어도 마찬가지다. 그렇다면 왜 소프트웨어에 기술 부채가 생길까. 결론부터 말하자면 소프트웨어는 개발하는 사람의 기술력, 특징, 노하우 더 나아가서 개인의 습성과 생각의 차이에 따라 프로그래밍 방식이 다르기 때문이다. 같은 동작을 하는 기능을 프로그래밍할 때 누구냐에 따라 실제 코드는 모두 다르다. 같은 코드는 이 세상에 하나도 없다. 프로그래밍을 잘하는 우수한 개발자와 그렇지 못한 개발자 또는 초급 개발자가 하는 경우 품질 차이는 확연히 달라지며, 소프트웨어가 복잡하고 대형화될수록 그 기술의 차이는 더욱 커진다.

소프트웨어는 IT 사회의 공공재와 같아서 한번 만들면 사라지지 않고 소모되지도 않는다. 수십년 전 개발된 소프트웨어가 지금도 살아서 돌아다니는 경우가 허다하다. 소프트웨어는 다음 세대로 상속되고 유전된다. 그렇기에 선배 개발자의 품질 낮은 소프트웨어는 후배 개발자가 다시 개발하고 수정해야 하는 기술적 부채를 전수하는 것과 같다. 이를 소프트웨어 개발자 사이에서 기술 부채라고 부른다. 기술 부채가 많으면 많을수록 그 기업의 개발자가 감당해야 하는 부담은 커진다. 따라서 선배가 고심하여 개발한 우수한 소프트웨어는 후배 개발자들이 활용하며 노하우를 배울 수 있는 기업의 귀한 기술적 자산이 된다.

오픈소스에서 기술 부채는 더 크게 작용하는데 단순히 품질 낮은 소프트웨어의 질을 높이기 위해 프로그래밍을 다시 하거나 보완해야 하는 범위를 벗어난다. 오픈소스는 전 세계 수많은 개발자와 사용자가 끊임없이 변경하고 수정하며 발전한다. 모든 오픈소스가 그렇지는 않지만 많은 경우 1년에 두 번 오픈소스를 릴리스release하는데 이때 릴리스 버전을 붙이고 이전 버전에서 달라진 부분이 어디인지를 표시한다. 이렇게 함으로써 이전 버전 오픈소스를 사용하고 있는 개발자나 기업이 새로운 버전을 사용할 때 참고하여 활용할 수 있도록 한다. 현재 릴리스 최신 버전과 이전 버전의 변경이 크지 않은 경우 오픈소스를 잘 아는 개발자들은 어렵지 않게 버전 간 차이를 파악할 수 있다. 이를 보통 소프트웨어에서 'diff(difference 약어)'라고 한다. 새로운 버전이 지속적으로 릴리스되기 때문에 버전에 따른 diff 파악은 개발자에게 중요하다. 올해 판매한 제품에 오픈소스 1.0을 사용하여 개발했고 최근 오픈소스 2.0이 릴리스되었다고 가정해보자. 오픈소스의 diff

를 확인해보니 안 그래도 기존 판매한 제품에 보강하려고 생각하는 기술이 포함되어 있다. 이 경우 해당 제품에 오픈소스 2.0을 빠르게 적용하여 개발 효율화를 높일 수 있다. 만약 해당 기업 개발자들이 오픈소스 diff를 파악하지 못하고 있었다면 자체적으로 코드를 개발하여 이전 버전인 1.0에 추가하며 제품에 반영했을 것이다. 결과적으로 안 해도 되는 개발에 시간과 인력을 낭비한다. 더욱이 사용하는 모든 오픈소스의 변화를 자체적으로 대응하는 건 현실적으로도 어렵지만 오픈소스의 효과를 충분히 활용하지 못하는 매우 비생산적인 업무이며 기업의 낭비다. 그렇기에 현재 소프트웨어 개발자들은 자신이 사용하고 있는 오픈소스의 릴리스 상황과 버전 변화에 따른 diff를 수시로 파악하며 개발하는 게 필수다.

　기업의 기술 부채 측면에서 선배 개발자는 오픈소스를 신중히 선택하고 오픈소스에 대한 정확한 이해로 프로그래밍에 참여해야 한다. 만약 새로운 기능을 개발할 때 고품질 오픈소스가 이미 공개되어 있음에도 이를 인지하지 못하고 자신만의 코드를 개발한 경우, 훗날 후배 개발자들은 선배가 남긴 기술 부채를 짊어지고 일할 수밖에 없다. 즉 기존 선배가 개발한 모든 소프트웨어를 찾아서 삭제하고 다시 오픈소스로 변경하는 부가적인 개발을 해야 한다. 기존에 있는 코드를 수정하는 것이 쉽지 않아 아예 처음부터 개발하는 게 빠를 때가 많다. 선배가 오픈소스를 모르고 열심히 밤을 세워 개발한 모든 소프트웨어가 결국 후배들에게는 기술 부채이고 짐이다.

　다행히 선배 개발자가 오픈소스를 잘 알고 있는 경우에도 주의가 필요하다. 개발하고자 하는 기능과 관련된 오픈소스는 이미 전 세계에 여러 개일 가능성이 높다. 이럴 경우 어떤 오픈소스가 품질적으로 그리고 미래 발전적으로 최적일지를 심사숙고해서 결정해야 한다. 업무 일정이 급해서 혹은 별 관심 없이 선택한 오픈소스가 미래에 기술 부채가 될 수 있기 때문이다. 당시 선택한 오픈소스가 없어졌거나 더 이상 발전이 없는 소위 '불량 오픈소스'라면 이 경우도 선배가 자체적으로 개발한 소프트웨어와 별반 다르지 않다. 이 또한 후배에게 물려주는 기술 부채다.

끝으로 다행히 최적의 오픈소스를 선택하여 개발한 경우에도 생각할 부분이 있다. 오픈소스는 이후에도 지속적으로 발전하며 새로운 버전이 릴리스된다. 물론 릴리스 때마다 diff를 상세히 제공할 수도 있지만 여러 번 거치면서 초기 버전과 비교해서 변경 사항을 모두 찾아가기란 쉽지 않다. 그렇기에 선배 개발자는 당시 사용한 오픈소스 버전을 숙지하고 추가로 개발하거나 수정한 코드는 최대한 오픈소스에 반영하도록 노력해야 한다. 이를 가리켜 '오픈소스 컨트리뷰션'이라고 한다. 즉 오픈소스 1.0 버전에 자신이 수정하고 신규 개발한 코드를 반영해두면 오픈소스 2.0 및 이후 버전이 릴리스 때 포함되어 있을 가능성이 크며 후배 개발자들은 최신 릴리스 오픈소스 diff에서 해당 부분을 확인하고 바로 사용할 수 있다. 물론 버전이 업그레이드되면서 선배가 수정하거나 신규로 개발한 부분이 사라질 수도 있다. 따라서 버전 변경에도 유지할 수 있도록 지속적으로 오픈소스에 참여하며 노력해야 한다.

한동안 오픈소스에서 아마존은 무임승차 비난을 받았다. 하지만 최근 오픈소스 참여와 특히 코드 기여가 늘고 있다. 아마존의 변화도 자체적인 기술 부채를 줄이기 위한 목적이라고 볼 수 있다. 특히 클라우드 서비스(AWS) 팀은 시스템 운영 방식을 너무 많이 공개해야 할까봐 혹은 경쟁 업체가 AWS의 차별화 요소를 만드는 기술 버그 수정이나 기능을 사용할 수 있게 할까봐 오픈소스 기여를 망설였다. 그 과정에서 기술 부채는 쌓이고 고객이 진정으로 원하는 아파치 스파크(Apache Spark)나 MySQL 또는 기타 오픈소스 프로젝트를 쉽게 실행할 방법을 제공하기 더 어려웠다. 하지만 최근 관련 오픈소스 진영의 기여자 목록에 AWS 직원으로 가득하다. 오픈소스 대세에 있어 최고의 대응 전략은 자신의 코드를 반영하고 기술 부채를 최소화하는 것이다.

해야 할 때 하지 않고 미룬 것은 반드시 어딘가에 쌓인다. 제때 하지 않은 일은 훗날 언젠가는 몰아서 해야 하는 버거움으로 남는다. 오픈소스도 마찬가지다. 물론 유용한 오픈소스가 있음에도 이조차 모르고 소프트웨어를 개발하고 있는 어리석은 선배는 논외라고 해도, 급하다고 오픈소스를 대충 선택해서 개발하거나 오픈소스를 선택했어도 수정하고 변경한 코드를 다시 오픈소스에 반영하는 노력을 하지 않고 자신의 컴퓨터에 가지고 있는 모든 소프트웨어는 결국 후배의 짐이 된다.

소프트웨어는 사회의 공공재이며 동시에 미래의 자산이다. 그렇기에 인생 선배로서 다음 세대를 위한 찬란한 유산까지는 아니더라도 기술 부채를 상속하지는 말아야겠다. 지금 한 줄 한 줄 프로그래밍하고 있는 소프트웨어에 대한민국 다음 세대 개발자의 미래가 있음을 기억하자.

MBO
부작용

사내에서 오픈소스 활동을 장려하던 초기 시절 어느 오픈소스 프로젝트 커뮤니티 리더에게 메일을 받았다. 최근 회사에서 오픈소스에 참여하는 개발자가 늘고 있고 기여하는 코드도 많아지고 있다는 내용으로 메일은 시작했다. 그래서 당연히 '아 이제 좀 오픈소스 진영에서도 우리 인지도가 생기는구나'라고 생각했는데 메일 후반부는 내 예상과 전혀 다른 전개였다. 참여와 코드 기여가 늘어나는 건 고맙지만 자신의 오픈소스 프로젝트에서 필요로 하는 부분과 차이가 있고 리뷰 부담도 있으니 코드 기여 전 내부에서 충분히 검토하라는 내용이었다. 최대한 공손히 표현했지만 결론적으로 우리의 코드 기여가 오픈소스에 크게 도움되지 않는다는 의미였다.

MBO는 'Management By Objectives'의 약어로 경영학의 대가 피터 드러커가 1950년대 정의한 경영 개념이다. 조직 목표와 결합하여 모든 구성원이 각자의 목표를 정하고 정기적으로 평가하며 목표를 달성해가는 조직 운영 방식으로 많은 기업이 적용하고 있다. MBO는 수치로 정의하여 달성 여부를 명확히 평가할 수 있는 장점이 있다. 당시 우리는 오픈소스 활동을 장려하는 목적으로 소프트웨어 개발자의 MBO에 오픈소스 활동을 추가했다. 특히 오픈소스에 코드 기여하는 양을 수치화하여 MBO로 수립했다. 이게 실수였다. 정확히는 실수라기보다 오픈소스의 특성과 생태계를 정확히 이해하지 못한 무지에서 나온 결과다. '공유와 협력'의 가치는 상대방이 필요로 하는 것을 공유하는 것이 협력의 기본이다. 역으로 필요로 하지 않는 것을 공유하고 협력하자는 것은 오히려 역효과를 만든다. MBO로 정의된 오픈소스 활동은 더 이상 자발성이 아니다. 그때부터는 어떻게든 MBO를 달성해야 하는 목표가 되어 상대방의 필요와 무관하게 기여하는 부작용을 만든 것이다. 이후 더 이상 오픈소스를 MBO로 정의하지 않았다.

국내에서도 오픈소스 중요성이 커지면서 'MBO 부작용'이 여기저기 목격된다. 특히 국가 예산으로 추진한 프로젝트의 오픈소스 사례가 늘고 있다. 국가 자산을 공유하고 협력하는 취지는 분명 좋은 방향이지만 개선해야 할 부분이 있다. 다시 강조하지만 오픈소스는 '공유와 협력'을 통해 서로에게 유익이 되는 시너지를 만드는 생태계다. 건강하게 성장하는 오픈소스의 공통점은 코드를 초기에 공개하여 최대한 빨리 개발자를 참여시킨다. 하지만 국내에서는 프로젝트를 완료한 이후 소프트웨어를 공개하는 경우를 자주 본다. 아마도 프로젝트를 수행할 때 수립한 MBO 같은 목표에 '오픈소스를 해야 한다'는 조건이 있지 않았나 싶다. 이런 오픈소스는 외부 개발자가 참여할 수 없다. 또한 완성된 코드를 공개하는 건 일종의 보여주기식 오픈이며 사용만

하라는 일방적 의미로 개발자에게 전달되므로 지속적으로 성장할 수 없다. 물론 개발자도 이런 형태의 오픈소스에는 전혀 관심이 없다. 오픈소스 경험이 없는 프로젝트 초기에 오픈하면서 감수해야 하는 부담과 고충은 충분히 이해한다. 하지만 오픈소스를 해야 한다면 최대한 빨리 코드를 공개하는 것은 기본 중에 기본이다. 그것이 부담되고 싫다면 독자 개발하고 차라리 오픈하지 않는 게 낫다. 무늬만 오픈소스인 것들이 늘어나면 늘어날수록 대한민국 오픈소스에 대한 이미지는 추락하는 역효과를 가져온다. 오픈소스를 할 때는 반드시 코드 초기부터 오픈하여 진행해야 한다.

오픈소스에 익숙하지 않은 개발자의 시선에는 어쩌면 개발 초기에 남들이 들여다보고 참여하는 것이 어수선하고 불편하게 느낄 수 있다. 우선은 어느 정도 구조를 잡고 모양을 갖춘 후에 오픈하는 것이 효과적이지 않을까 생각할 수 있다. 1999년 출간한 에릭 레이몬드의 『성당과 시장』에서는 오픈소스라는 개념을 성당과 시장의 특징을 비교하며 소프트웨어 개발 스타일을 설명한다. 성당은 전통적인 폐쇄적 개발 스타일이라 부른다. 이 스타일에는 목표에 대한 상세한 명세가 있고 그 아래 소규모 프로젝트들이 체계적이고 권위주의적인 방법으로 소통하며 운영된다. 진행하는 릴리스 일정도 길다. 이에 반해 시장을 들여다보면 개개인 좌판이 분산적으로 배치되어 있고 각각이 매우 짧은 릴리스 일정을 가진다. 특히 외부 사람들로부터 끊임없는 피드백을 요구하며 적극적으로 소통한다. 에릭은 소프트웨어 전문 개발자다. 그의 시선에서 소프트웨어 개발 스타일을 비교할 때 모든 것을 꼼꼼히 갖추고 하나하나 점검하며 소수의 결정권자가 방향을 정하는 성당 스타일보다는 다소 어수선해 보이지만 빠르게 진행하며 동시에 외부의 다양한 관점에서의 피드백을 적극 수용하며 진행하는 시장 스타일이 훨씬 좋은 소프트웨어를 개발할 수 있다는 확신을 준다. 물론 시장 스타일이 어수선해 보이긴 하지만 그 속에는 상인들 간 명확한 기준과 약속이 존재한다. 그것이 철저히 지켜지는 어수선함이 시장에 활력을 불어넣는 것이며 더 많은 손님을 끌어들이는 요인이 된다. 아무런 규칙도 없이 좌판들이 난잡하게 펼쳐져 있는 시장에 손님이 가겠는가. 오픈소스도 똑같다. 무질서하고 불공정한 오픈소스에는 개발자가 참여하지 않으며 아무리 좋은 성능과 기능의 소프트웨어라고 해도 결국은 모두 시장에서 사장되고 만다.

살아 움직이는 활력 넘치는 시장. 전 세계 수많은 손님이 찾아오는 시장. 오픈소스 시장이 활짝 열렸다. 이미 끝도 없이 많은 좌판이 깔렸다. 새로운 좌판을 깔고자 하는 사람은 우선 시장이 어떻게 돌아가는지 그 속에는 도대체 무슨 일이 일어나고 있는지를 꼼꼼히 살피고 정확히 이해하는 노력을 선행해야 한다. 시장 언저리에서 둘러보는 것만으로는 시장을 절대 이해할 수 없다. 직접 들어가서 그 속을 알아야 당신의 좌판에 더 많은 손님이 몰릴 것이다.

포스트잇으로 개발자 채용을?

OSCON에는 전 세계 오픈소스 개발자들이 전부 모인 느낌이다. 그중에는 얼굴은 본 적 없지만 이름만 듣던 유명한 개발자들이 수두룩하고 소프트웨어 분야에 내로라하는 기업이 대부분 참여하는 것을 알게 됐다. 또 하나 생소한 광경은 엄마 아빠 손을 잡고 참석한 아이들이었다. 오픈소스 개발자 행사에 왜 아이들이 참석했는지 처음에는 의아했지만 나중에 안 사실인데 오픈소스 개발자 행사를 일요일에 시작하는 이유도 앞으로 오픈소스를 이끌어갈 미래 주역인 아이들이 참석할 수 있도록 하는 주최 측의 배려였다. 어찌 보면 이와 같은 열린 문화가 오픈소스를 더욱 건강하게 발전할 수 있게 하는 원동력이 아닐까 생각한다. 매년 초 유럽에서도 FOSDEM이라는 오픈소스 개발자 행사가 열리는데 이 행사도 토요일과 일요일 양일간 진행하며 목적은 OSCON과 같다. 그들은 어려서부터 오픈소스를 경험하며 자란다. 특히 미래 개발자에 대한 배려는 행사 일정에서 그치지 않음을 프로그램을 통해 알 수 있다. 일요일 프로그램에는 항상 '어린이를 위한 개발 프로그램'이 배치되어 있다. 이 프로그램은 모든 어린이에게 열려 있고 특히 오픈소스에 관심이 있는(OSCON에 오는 어린이들 중에는 오픈소스에 관심 없이 그저 부모를 따라 왔다가 오픈소스를 알게 되는 경우도 상당수다) 어린이는 실제로 컴퓨터 앞에 앉아 오픈소스 개발을 경험할 수 있다. 어린이들이 오픈소스 개발을 직접 경험할 수 있게 하려면 오픈소스를 잘 아는 개발자들이 필요한데 이를 위해 행사 전에 자원자를 받고 이들이 어린이에게 오픈소스 개발을 경험할 수 있도록 돕는다. 봉사자로 신청한 개발자는 어떻게 하면 오픈소스의 장점을 쉽고 재미있게 알려줄 것인지 행사 참석 전부터 고심했을 것이다. 그렇게 준비한 양질의 프로그램과 노하우로 수많은 어린이들은 오픈소스를 접하고 미래 개발자 꿈을 꾸게 될 것이다. 이것은 단순히 비싼 교재와 장비로 유명 강사에게 프로그래밍을 배우는 방식과는 완전히 다르며 가르치는 자와 배우는 자 모두에게 유익하고 효과적인 지식의 전달이다. 당시 나는 자원자는 아니었지만 프로그램이 열리는 방구석에서 50대 아저씨 개발자와 10살 어린이가 함께 모니터의 코드를 보며 오픈소스를 가지고 놀고 웃고 즐거워하는 모습을 아직도 생생히 기억한다.

내가 OSCON에 참여한 이유는 우리 오픈소스 활동을 소개하기 위한 목적도 있었지만 더 중요한 건 우수한 오픈소스 개발자를 채용하는 것이었다. 여러 기술 발표를 오가며 발표자 중에 우수한 오픈소스 개발자를 찾아 헤매고 다녔다. 하루 이틀 지나 수요일 저녁 즈음 당시 인텔의 오픈소스기술센터(지금은 사라진 조직으로 Open source Technology Center, OTC라 불렀고 천명 이상의 오픈소스 개발자가 활약하던 당시 꽤 잘나가던 조직이었다) 채용 담당자와 저녁을 같이 하게 되었고 OTC는 개발자 채용을 어떻게 하고 있는지 물었다. "사람이 너무 많고 누가 오픈소스 전문가인지도 모르겠고 채용이 쉽지 않네요"라고 말을 꺼내자 OTC 채용 담당자 왈 "저는 벌써 수십 명 채용 지원자를 받았는데요? 어, 지금 또 문자로 지원서가 왔네요"라며 트위터 DM$_{\text{direct message}}$을 보여주었다. 거기에는 몇 글자 적혀 있지 않았는데 내용은 이랬다. '리눅스 커널 메모리 관리 부분 오픈소스 개발자입니다. 연봉은 지금 받고 있는 것에 1.5배 희망합니다.' 이게 전부였다. 그러고는 몇 번의 DM을 주고받더니 OTC 채용 담당자는 나에게 이렇게 말했다. "방금 좋은 오픈소스 개발자를 채용했네요, 하하." 누굴 어떤 과정을 통해 채용했다는 건지 도무지 이해할 수 없었지만 OTC 담당자의 설명을 듣고 나서야 알게 됐다.

 2014년 당시 내가 지금까지 한국에서 생각하던 채용은 우선 몇 가지 프로세스를 거친다. 아마 국내 거의 모든 회사가 대동소이하지 않을까 생각한다. 첫째는 이력서를 받고 검토한다. 학력과 경력을 검토하고 개인 성향이나 특징을 사전에 더 많이 파악하기 위해 자기소개서를 꼼꼼히 읽는다. 특히 내용에 허위는 없는지 사실 여부도 여러 방법으로 체크한다. 그런 과정을 거친 후 채용 규모의 2~3배수를 추린다. 둘째는 지원자에게 서류합격을 통보하고 직접 만나서 대면 면접을 진행한다. 지원서에 적은 경력과 기술 강점이 사실인지 때로는 테스트와 시험 또는 까다로운 질문 등 많은 과정을 거쳐 검증하고 체크한다. 잘하는지 알고 채용했다가 실제로 일을 시켜보니 그렇지 않은 경우도 있기에 더욱 면밀히 검증한다. 때로는 1박 2일 합숙하면서 됨됨이와 조직 적응력도 살펴본다. 그다음은 마지막으로 한 번 더 임원면접이나 인성면접 그리고 건강검진까지 진행한다. 이 모든 채용 과정이 확인하고자 하는 부분은 오직 하나 '지원자가 제출한 내용이 사실인지, 진짜 그만큼 잘하는지'를 최대한 검증하는 것이다. 지원자는 자신의 장점을 최대한 강조하고 포장할 수밖에 없고 약점은 최소화하므로 회사는 채용 과정에서 최대한 거르고자 하는 것이다.

헌데, 오픈소스 개발자 채용을 몇 번의 메시지 교환으로 한다는 것이 처음에는 전혀 납득할 수 없었다. 이력서도 없이 실제 만나서 면접을 보지도 않고 어느 학교를 나왔는지 어디에 사는지 학점은 좋은지 글로벌 역량은 있는지 특히 다른 사람과 협업과 소통은 잘하는지 아무 것도 묻지도 따지지도 않고 채용을 하는 것이다. 그때까지 나는 오픈소스 개발자의 가치와 오픈이 가지고 있는 명료함을 전혀 이해하지 못하고 있었다. 즉 오픈소스 생태계를 전혀 몰랐던 것이다. 오픈소스 개발자 채용 프로세스를 살펴보자. 기업이 오픈소스 개발자를 채용하고자 할 때는 이미 기업이 개발하고 있는 서비스나 제품에 오픈소스를 사용하고 있는 경우다. 물론 오픈소스를 이제부터 써볼 계획으로 채용을 선행하는 경우도 있겠지만 사실 이런 경우는 현실적이지 않다. 기업이 아직 필요하지 않은 개발자를 미리 확보한다는 것은 시장성에서도 일반적인 방법은 아니다. 오픈소스 개발자를 채용할 때는 이미 어떤 오픈소스 개발자가 필요한지 목적이 명확하다. 특히 오픈소스를 사용하여 개발하면서 회사가 필요한 기능 중 아직 오픈소스에 없는 부분을 새로 개발하고 이를 오픈소스에 기여(오픈소스 컨트리뷰션)하는 업무가 필요하므로 이와 같은 역할을 해줄 개발자를 채용하는 것이다. 기업이 사용하는 오픈소스가 많으면 많을수록 요구되는 오픈소스 개발자는 늘어난다. 예를 들면 OTC는 리눅스 커널을 사용해 서비스를 개발하는 과정에서 메모리를 관리하는 새로운 기능을 구현해야 하는데 이 부분이 아직 리눅스 커널 오픈소스 버전에 없다면 해당 분야의 전문 개발자 채용이 시급하다. 사실 높은 학력과 학위, 뛰어난 발표력과 친화력, 글로벌 역량 같은 것이 중요한 게 아니라 지금 기업에 절실한 인력은 리눅스 커널의 메모리 관리 기술을 잘하는 오픈소스 개발자다. 이력서도 필요 없고 자소서도 필요 없다. 리눅스 커널을 잘 아는 오픈소스 개발자가 아니면 다른 지원자는 아무 소용없다. 지원자가 입증해야 하는 건 내가 리눅스 커널 오픈소스의 우수한 개발자라는 것이다. 이를 객관적으로 입증할 방법은 아주 명확하다. 오픈소스는 개발자가 어떤 기술 분야에서 활동하는지 얼마나 많은 기여를 하고 있는지 모두에게 공개되어 있다. 특히 우수한 활동을 인정받는 개발자는 다른 개발자의 추천과 투표를 통해 리더로 선정되며 리더 명단도 대부분(전부가 아닌 대부분이라고 한 건 리더 명단 공개가 오픈소스의 필수사항은 아니기 때문이다) 공개되어 있다. 그렇기에 지원자는 채용 담당자에게 자신이 리눅스 커널에서 활동하고 있는 이름(주로 깃허브 아이디)을 DM으로 알려준다. 그다음 채용 담당자는 해당 이름/아이디를 오픈소스에서 찾아보고 어떤 위치에 있고 언제부터 참여했으며 어떤 기술 분야에 얼마나 많은 코드를 기여하고 있는지 그리고 그 기술이 기업이 찾는 기술 분야와 매핑되는지를 확인한다. 확인 결과 잘 매핑되면 검증은 끝. 모든 기술력이 공개되어 있는 객관적 사실이기에 기술 면접을 통해 추가로 검증할 필요가 없다. 마지막으로 남은 채용 프로세스는 연봉을 조율하는 것뿐.

  OSCON 참여 수일이 지나서 깨달은 사실인데 행사장 눈에 잘 띄는 곳에 오픈소스 개발자 채용 공고판job board이 이미 있었다. 그곳을 수차례 지나치며 전혀 인지하지 못했는데 이유는 채용 공고판에 포스트잇만 잔뜩 붙어 있었기 때문이다. 사실 나는 낙서판이나 분실물 찾기 또는 약속을 잡는 공간 정도로 생각했고 아마 오픈소스 생태계를 모르는 많은 사람이 나처럼 그렇게 스쳐 지나갔을 것이다. 행사 끝날 무렵 다시 채용 공고판에 가서 찬찬히 살펴보니 수많은 글로벌 기업이 오픈소스 개발자를 채용한다고 포스트잇에 적어둔 사실을 그때야 알았다. 거기엔 딱 두 줄이 적혀 있었다.

오픈소스 개발자 채용합니다.
@recruitment-[회사명]

강남역 스타벅스 한켠에서 노트북으로 프로그래밍 하고 있는 개발자들을 쉽게 찾아볼 수 있다. 아쉽고 불안한 건 그들이 모두 한국 기업에서 일하는 게 아니라는 점이다. 다수는 이미 외국 기업에서 일하고 있다. 오픈소스이기에 사무실에 출근할 필요도 없다. 원하는 시간 원하는 장소에서 맡겨진 업무를 수행하면 된다. 우리 인재들이 몸은 한국에 있고 머리는 실리콘밸리에 가 있지 않도록 오픈소스 개발자의 채용과 대우는 시급히 개선돼야 한다. 다른 방법은 없다. 오픈소스는 글로벌이고 온라인이므로 전 세계가 동일하게 채용하고 일하는 방식을 그대로 수용하는 것이 정답이다.

오픈을 가속하는
허용적 라이선스

오픈소스 확산이 본격화하던 2000년도 많은 기업이 오픈소스의 다양한 성공 사례와 효과를 보면서 오픈소스 적용을 적극적으로 검토하기 시작했다. 우선 가지고 있는 소프트웨어 중에 오픈소스화할 만한 것을 찾고 적절한 아이템을 찾으면 오픈할 기술에 대해 가지고 있는 특허를 검토한다. 오픈하기 전 특허를 반드시 검토하는 이유는 오픈소스의 라이선스 정책에서 그 이유를 찾을 수 있다. 90년대 자유 소프트웨어에서 오픈소스로 개념이 확대되면서 동시에 저작권에 대한 새로운 제안, 즉 카피레프트copyleft (독점적 소유권을 의미하는 copyright 반대 개념으로 누구나 무료로 사용할 수 있는 권한) 개념이 전수되었고 그 결과 가장 대표적인 오픈소스인 리눅스의 라이선스로 자리를 잡았다. 리눅스에서 사용하는 라이선스의 공식 명칭은 GPL General Public License로 카피레프트의 대표적인 라이선스다. 리눅스는 어느 누구에게나 무료로 소프트웨어를 제공한다. 자유롭게 사용하고 수정하고 재배포할 수 있다. 다만 한 가지 필수로 준수해야 하는 부분이 있는데 리눅스 소프트웨어와 결합되고 연결되는 코드는 반드시 다른 사람이 볼 수 있도록 공개해야 한다는 점이다. 다시 말해 리눅스를 무료로 사용하면서 파생되는 창작물을 숨기지 말고 카피레프트 정신에 따라 모두에게 공개하라는 것이 핵심이다. 소프트웨어의 자유를 외치며 힘겹게 만든 오픈소스의 정신 즉 '공유와 협력으로 함께 성장하는 소프트웨어 시장'을 위해 함께 노력하자는 메시지다. 그렇기에 GPL은 해당 규정을 엄격하게 지킬 것을 강조한다.

그렇다면 GPL 규정을 지키지 않으면 어떻게 될까. 결론부터 말하자면 세상에 나쁜 짓이 다 그렇겠지만 아무에게도 들키지 않으면 상관없다. 하지만 들통나면 그때는 엄청난 금전적 손해를 감수해야 한다. 아무에게도 들키지 않으면 상관없다는 말이 이상하게 들릴지 모르지만 생각해 보면 오픈소스를 가져다가 내가 어떻게 사용하는지 다른 사람들이 확인할 수 없다면 라이선스는 무용지물이다. 리눅스의 카피레프트 라이선스 정책도 다른 사람의 소프트웨어를 확인해야 알 수 있는 것이지 보지도 않고 어떤 오픈소스를 사용한 것인지는 알 방법이 없다. 그렇기에 혼자 집에서 또는 연구실에서 사용하는 소프트웨어 개발에는 어떤 오픈소스 라이선스를 사용해도 현실적으로 문제될 일은 극히 적다. 하지만 여러 번 강조했듯이 오픈소스가 지금처럼 발전할 수 있었던 가장 큰 계기는 상용화와 상업화에 있다. 오픈소스를 이용해 소프트웨어를 만들고 이를 직접 상품화하는 것도 있고 다양한 제품에 탑재하여 시장에 판매하는 상품도 있다. 이럴 경우에는 개발자가 원하지 않더라도 자신이 소프트웨어 개발에 사용한 오픈소스가 외부로 노출되므로 다른 개발자들이 어떤 오픈소스를 사용했는지 해당 오픈소스의 라이선스는 잘 준수했는지 확인할 수 있다. 따라서 특히 이윤을 추구하는 기업에서는 라이선스를 반드시 지켜야 한다.

특히 카피레프트와 같은 경우에는 공유와 협업의 정신을 수호하고자 불철주야로 감시하고 조사하는 전문 개발자와 단체들이 있다. 라이선스 미준수 시 이를 악용하여 해당 기업에 소송을 제기하거나 온라인에서 기업에 해가 되는 노이즈를 만들면서 보상을 요구하는 사례도 흔히 볼 수 있다. 따라서 기업에서는 자신이 개발한 소프트웨어가 직접적이든 간접적이든 외부로 노출이 되는지를 파악하고 사용하는 오픈소스의 라이선스 준수에 대한 정책과 프로세스를 잘 관리해야 한다. 그렇다면 외부로 노출되지 않는 소프트웨어는 괜찮을까. 최근 벌어지는 카피레프트 이슈 중 상당 부분은 내부 개발자들이 고발하는 경우도 있다. 고발이라는 말이 강하게 들릴 수 있지만 많은 개발자들이 오픈소스를 사랑하며 지속적으로 발전하기를 바라는 마음으로 자신이 속해 있는 기업이 라이선스를 위반해 불법적으로 오픈소스를 사용하는 걸 모른 척하지 않는 경우가 있다. 사실 이런 개발자를 회사는 나쁘다고 비난하는 건 옳지 않다. 그래서 기업들은 자체적으로 오픈소스 라이선스를 사전에 검증하고 준수해야 하는 의무 사항을 철저히 지키도록 가이드하고 개발환경을 구축하기 위해 노력하고 있는데 이를 '오픈소스 컴플라이언스compliance'라고 한다. 국내에서도 삼성전자를 포함해 여러 기업이 국제표준기구(ISO/IEC 5230:2020)를 통해 오픈소스 컴플라이언스 기술력을 인증받는 사례가 늘어나고 있다.

최근 오픈소스 라이선스 측면에서 두드러진 변화가 나타나는데 카피레프트보다 허용적permissive 라이선스가 급격히 증가한다는 점이다.

대표적인 허용적 라이선스는 Apache 2.0이다. 물론 BSD, MIT 같은 다른 종류도 있는데 Apache 2.0 선호도가 가장 높다. 이유는 명확하다. 오픈소스는 누구나 무료로 사용할 수 있으며 또한 자체적으로 수정하고 변경한 부분에 대해 공개할 의무가 없다는 점이다. 즉 기업이 어떤 목적으로 어떻게 사용해도 다 허용된다는 의미에서 허용적 라이선스라고 부른다. 기업이나 개발자 입장에서는 이보다 더 좋을 순 없다. 카피레프트 라이선스를 가진 오픈소스는 사용할 때 어느 부분이 연결되었고 어느 부분을 수정했는지 일일이 파악해서 해당 소프트웨어를 전부 공개해야 하므로 실제 코드를 공개할 사이트 운영도 필요하다. 개발자가 소수이면 어떻게든 해보겠지만 수백 수천 명의 개발자가 함께 일하는 경우 일일이 라이선스 준수 여부를 파악하는 것은 여간 어려운 일이 아니다. 또한 라이선스 검증 툴이나 프로세스가 있다고 해도 모든 것을 완벽하게 관리하는 건 현실적으로 불가능하다. 예를 들면 한 개발자가 카피레프트 오픈소스를 사용하면서 '지금은 개발 일정이 급하니까 우선 사용하고 나중에 출시하기 전에 라이선스 정책에 따라 오픈해야지'라고 생각했다가 깜박 잊는 경우도 있을 수 있고 그 외에도 여러 가지 실수들이 개발 과정에서 나올 수 있다. 그런데 허용적 라이선스는 아예 그런 고민을 하지 않아도 되니 이보다 더 좋은 라이선스가 어디 있겠는가. 그래서 최근 나오고 있는 대부분 오픈소스들이 허용적 라이선스 정책을 채택하여 사용하고 있다. 다르게 표현하면 오픈소스를 주로 공개하는 곳이 기업이라는 의미이기도 하다. Mend.io 오픈소스 라이선스 사용 현황 보고서에 따르면 최근 기업이 사용하는 라이선스의 약 80%가 허용적 라이선스이며 비율은 지속적으로 증가하고 있는 것으로 파악됐다. 반면 카피레프트 라이선스는 계속 감소하고 있는 것으로 조사됐다. 특히 국내 기업의 오픈소스 라이선스 사용 실태는 허용적 라이선스 중에서도 Apache 2.0 사용 비율이 두드러지게 증가하는 것을 확인할 수 있었다.

여기서 하나, 좀 더 생각해볼 부분이 있다. 오픈소스는 사용하는 측면도 있고 오픈소스에 나의 소프트웨어를 기여하는 측면 두 가지가 있다. 위에 살펴본 라이선스의 특징은 사용 측면에 해당한다. 카피레프트 오픈소스를 사용할 때 준수해야 하는 조건이며 허용적 라이선스도 사용할 때 발생하는 특징인 것이다. 그렇다면 기여 측면, 즉 개발자가 자신의 소프트웨어를 오픈소스에 기여할 때는 아무 조건이나 고려 사항이 없을까. 사실 이 부분 때문에 기업이 오픈소스를 하기 전에 반드시 특허를 검토해야 한다. 허용적 라이선스도 소프트웨어는 독점하는 것이 아니라 누구나 무료로 사용할 수 있도록 하는 목적에는 카피레프트와 다르지 않다. 다만 2000년대 들어 기업의 오픈소스 사용이 급증하면서 카피레프트의 필수 준수 사항이 지나치게 까다롭기에 이 부분을 유연하게 하기 위한 목적이지 오픈소스 자체를 독점 소프트웨어로 회귀하고자 하는 것은 아니다. 그렇기에 허용적 라이선스도 기본적으로 누구에게나 무료로 사용하는 것을 전제로 하므로 오픈소스에 기여할 때 관련 특허가 있다면 특허권도 함께 무료로 허락해야 한다. 개발자가 등록한 특허권이 없어진다는 의미가 아니라 오픈소스에 기여한 이상 해당 오픈소스를 사용하는 모든 사람에게 자신의 특허권을 행사할 수는 없다는 것이다. 결국 특허권 의미가 무색해진다. 더욱이 기업이 Apache 2.0 라이선스를 선호하는 이유는 라이선스 조항에 명확히 "기여한 부분에 대한 특허는 무상으로 허여한다"라는 내용이 명시되어 있기 때문이다. 그렇다면 다른 허용적 라이선스는 어떨까. 사실 명확한 조항은 없다. 하지만 오픈소스를 사용하는 모든 사람이 잠정적으로 '해당 오픈소스를 사용할 때는 특허 우려는 없어'라고 생각하고 사용한다. 그렇다면 만약 한 개발자가 기여한 소프트웨어에 대해서 특허를 포기할 수 없다고 주장하면 어떻게 될까. 사실 오픈소스 초기에 이런 분쟁이 종종 일어났지만 지금은 거의 없다. 이유는 간단하다. 수많은 개발자의 코드 기여로 오픈소스는 만들어졌다. 동시에 참여한 모든 개발자는 자신이 가진 독점권을 기꺼이 포기했다. 헌데 본인만 특허권을 주장하겠다? 그렇게 되면 둘 중 하나를 선택하게 된다. 하나는 자신의 소프트웨어를 오픈소스에 기여할 수 없게 되거나, 다른 하나는 상호면책의 종료termination로 서로가 특허를 주장하지 않는 선의의 약속이 파기되어 오픈소스에 포함된 모든 코드와 특허의 무상 사용이 종료된다. 하나를 얻으려다 열 아니 백 이상을 손해보는 치명적인 결과이므로 최근 오픈소스에서 특허를 주장하는 사례는 거의 찾아볼 수 없다. 이와 같은 조항은 라이선스에 명시적으로 표현된 경우도 있고 묵시적으로 받아들여지는 경우도 있지만 효과는 큰 차이 없다. 결국 모두 무료로 사용하는 것이 오픈소스이므로 어느 누구도 특허권을 주장하지 못하게 하는 것이다. 따라서 오픈소스에 기여하기 전에는 반드시 자신 또는 해당 소프트웨어와 관련된 기업 내 특허가 있는지를 반드시 확인해야 한다. 그렇지 않고 소프트웨어를 기여하는 경우 자신도 모르게 회사의 중요 자산인 특허를 남들에게 무상으로 사용하게 내어주는 결과를 야기할 수 있다.

기업 친화적인 Apache 라이선스가 확대된다는 의미는 오픈소스의 산업적 역할과 범위가 지속적으로 넓어진다는 것을 의미한다. 오픈에 획일적인 만능의 해결책은 세상에 없다. 기업은 자신의 목적과 상황을 고려한 '맞춤형 오픈소스 컴플라이언스' 정책을 철저히 수립해야 한다.

특별한 이유 없이 카피레프트 라이선스를 금지하거나 허용적 라이선스를 무작정 장려하는 것은 바람직한 정책이라고 할 수 없다. 꼭 필요한 오픈소스의 라이선스가 카피레프트라면 적극적으로 사용하면서 철저한 관리를 개발자에게 주지하면 된다. 바쁜 일정에 혹시나 개발자가 놓칠 수 있는 상황을 대비하여 시스템이나 툴을 활용하는 것도 효과적이다. 소프트웨어 개발에 오픈소스를 폭넓게 사용하는 경우에는 최대한 허용적 라이선스를 개발자가 사용하도록 추천하는 것이 안정적이라고 할 수 있다. 또한 개발 과정에서 오픈소스 컨트리뷰션이 빈번히 발생하는 경우라면 특허 검토를 빠르고 효율적으로 할 수 있는 프로세스가 컴플라이언스에는 필수다. 그렇지 않으면 특허를 검토하고 확인해야 하는 업무 부담으로 개발자는 컨트리뷰션을 꺼릴 수도 있다. 무엇보다 기업이 원하는 시점에 성공적인 컨트리뷰션을 하기 위해선 사전에 해당 오픈소스에서 적극적으로 활동하는 투자와 노력이 선행되어야 함을 명심해야 한다. 도움닫기 없이 높이 뛰는 것은 불가능하고 골대 앞에서 움직임이 빠른 선수가 득점 기회를 잡는 법이다.

K-오픈소스를 향해

2000년대 기업들의 오픈소스 사용이 늘어나면서 동시에 소프트웨어를 기여하고자 하는 요구 사항도 늘어났다. 그러다 보니 기업은 기여하는 모든 기술에 대해 특허를 사전 검토해야 하는 부담이 커졌다. 소프트웨어 개발 부서에서는 개발 효율화를 위해 더 많은 소프트웨어를 오픈소스에 기여하기를 희망한다. 그래야 다음 제품이나 서비스 개발에 자신이 기여한 부분이 포함된 오픈소스를 사용해 효율적인 개발이 가능하다. 물론 개발한 모든 코드를 오픈소스에 반영할 필요는 없고 또 반영하고 싶다고 전부 할 수 있는 것도 아니다. 그럼에도 지속적으로 사용하는 코드는 오픈소스에 반영하면 개발에 매우 효과적이다. 하지만 개발자와 달리 특허를 관리하는 부서는 아무래도 무상으로 특허권을 주는 것이 고민스러울 수밖에 없다. 어떤 특허는 사업에 매우 중요한 것으로 평가되어 절대로 포기할 수 없는 경우도 많다. 오픈소스 사용이 증가하면서 기업마다 내부의 복잡한 이해관계와 부서 간 마찰이 증가했다. 그렇다고 오픈소스를 포기할 수도 없는 일이다. 대안이 필요했다. 그래서 등장한 것이 이너소스inner source다.

   이너소스는 회사 또는 조직 내부에서만 오픈소스 방식으로 공유하고 협력하는 것을 말한다. 이너소스는 공유하는 범위를 한정하는 것만 빼고는 모든 것이 오픈소스와 동일하다. 즉 모든 개발 과정과 인프라는 오픈소스와 똑같다. 다만 한 가지 차이점은 이너소스는 기업 내부에서만 운영된다는 것이다. 내부에서만 운영된다는 의미는 오픈소스와 동일한 운영 방식, 개발하는 환경, 시스템 등 모든 것은 동일하고 소프트웨어에 자유롭게 접속할 수 있는 사람을 직원으로만 한정한다. 그러기 위해서는 보통 기업 내부에서만 연결하고 접속하는 네트워크를 구축하여 관리한다. 이렇게 함으로써 외부에서는 이너소스에 접속할 수 없다. 그럼 뭐가 좋아질까. 우선 특허 검토를 하지 않아도 된다. 이유는 회사 내부에서만 공유할 것이기 때문이다. 또 하나의 이점은 오픈소스 품질에 대해 스트레스나 부담이 적다. 외부로 공개되어 누군가 보고 평가하는 게 아니어서 큰 부담 없이 오픈할 수 있다. 이너소스를 하다가 내부 반응이나 필요성이 효과적이지 않다고 판단되면 운영을 중단하고 자체 개발로 전환하면 된다. 만약 이너소스가 아니라 오픈소스였다면 중단하고 자체 개발로 전환하는 게 현실적으로 만만치 않다. 오픈소스를 이미 사용하고 있는 소비자도 고려해야 하고 동시에 참여해서 활동하는 개발자나 기업의 상황도 고려해야 한다. 오픈소스를 중단할 때는 타당한 이유와 근거도 필요하고 만약 독자적으로 중단할 경우 외부 비난 여론과 뉴스가 확산되어 자칫 기업 이미지에 부정적 영향을 줄 수도 있다. 물론 이너소스를 중단할 때 사내 개발자의 불만을 야기할 수는 있지만 어떻든 회사 내부 결정이므로 오픈소스보다는 합의가 수월하다. 이너소스를 하면서 참여자가 늘어나고 오픈소스로 전환이 필요하다고 판단된다면 그때 전체 코드에 대해 특허 검토를 진행하고 외부 오픈소스로 전환할 수도 있다. 이너소스에서 사용하는 인프라는 오픈소스와 동일하게 구성했으므로 외부에서 접속할 수 있도록 네트워크만 오픈하면 된다. 그렇게 되면 처음부터 오픈소스로 시작하여 많은 투자를 하고도 실패하는 상황을 최소화할 수 있다.

오픈소스를 성공시키기 위해서는 투자와 노력이 필요하다. 오픈소스를 잘 모르는 개발자들은 자신이 개발한 소프트웨어를 그냥 공개하면 되는 것으로 생각하는 경향이 있는데 이건 큰 착각이다. 우리가 가지고 있는 '가치 있는 소스'를 오픈할 때는 분명한 이유와 목적이 있어야 그 가치를 외부에서 발휘할 수 있다. 오픈소스 소프트웨어도 성공하기 위해서는 많은 준비가 필요하다. 당연히 오픈했을 때 외부에서 필요로 하는 기술이어야 하고, 유사한 기술이 이미 오픈소스로 있다면 그보다 성능이나 구조 등 무언가 좋아야 개발자들이 관심을 가진다. 즉 소비자가 관심 가질 만한 무언가가 반드시 있어야 한다. 또한 적합한 라이선스를 부여하여 소프트웨어를 오픈할 때 함께 공개해야 한다. 오픈한 소프트웨어가 어떤 기술인지를 설명한 문서나 자료 또는 웹사이트 같은 것이 필요하며 개발자들이 소프트웨어 접근하여 자유롭게 이용할 수 있는 인프라 환경도 구축해야 한다. 오픈소스 관련 궁금한 점이 있으면 빠르게 대응할 수 있는 체계를 갖추고 적극적으로 소통해야 하며 무엇보다도 개발자에게 새로운 오픈소스가 등장했음을 널리 알려 함께 소프트웨어를 지속적으로 발전시켜 나갈 것이라는 비전과 운영 계획도 알려야 한다. 그 외에도 많은 것이 있지만 여기서 강조하고 싶은 건 그냥 오픈만 한다고 잘되는 건 절대 아니라는 점이다. 그렇기에 대중에게 이미지가 중요한 기업은 오픈소스를 공개하기 전 내부에서 충분히 준비해야 하며 그 과정에 이너소스는 매우 효과적이다. 특히 개발자가 많고 규모가 큰 기업의 경우 그 자체가 하나의 오픈소스 생태계라고 할 수 있다. 수많은 부서가 어떻게 자유롭게 소통하고 협력하며 일할 것인지는 항상 기업의 숙제다. 그렇기에 이너소스를 통해 기업 내부의 일하는 방식을 바꾸려는 시도를 많은 기업이 고려하는 이유다.

2000년 이너소스라는 용어가 등장하고 이후 수많은 기업이 이너소스를 기업 내 확산하고자 노력했다. 어찌 보면 한 번에 오픈소스로 가기보다는 이너소스를 통해 기업 내부에 서로 다른 부서와 이해관계가 다른 다양한 사람이 소통하고 협력하도록 함으로써 오픈소스가 지닌 장점을 기업 내부에 활용하고자 하는 목적이 강했다고 할 수 있다. 특히 소프트웨어 개발에 있어 기업 내부에서 개발자들 간에 공유하고 협력하는 문화를 만드는 게 여간 어려운 일이 아니다. 사실 내가 만든 뭔가를 다수의 사람에게 오픈한다는 것 자체가 여전히 우리에게는 큰 부담이다. 더욱이 기업 내에서 서로 간 칭찬이나 격려가 활발한 곳이 과연 얼마나 될까. 물론 모두가 꿈꾸는 회사의 모습이기는 하지만 그렇지 않은 게 현실이다. 그렇기에 모든 기업이 소통을 강화하려고 수많은 방법을 동원하는 게 아닌가. 내가 개발한 소프트웨어를 다른 개발자들이 모두 들여다볼 수 있게 오픈할 때 가장 먼저 우려가 되는 부분은 '무슨 소프트웨어를 이렇게 개발했지?'라는 비난일 것이다. 소프트웨어는 무형의 자산이기에 개발하는 사람에 따라 다른 형태로 만들어진다. 똑같은 대상을 보며 그림을 그려도 어느 하나 똑같은 그림이 없 듯이 소프트웨어 개발도 마찬가지다. 내가 개발한 소프트웨어를 세상 누구에게나 자랑스럽게 보여줄 수 있는 수준의 개발자가 과연 몇이나 되겠는가. 많은 개발자들은 자신의 창작물을 공개하기 꺼려할 수밖에 없다. 또한 소프트웨어를 개발하는 과정에서 오픈소스를 많이 활용하기에 자신이 개발한 것을 오픈하는 데 심적 부담도 따른다. 오픈소스를 잘 활용해서 개발하는 건 매우 효율적이고 스마트한 방법이다. 오히려 쓸 수 있는 오픈소스가 있음에도 그걸 모르고 시간을 들여 유사한 소프트웨어를 개발하는 것이 비효율적이고 무능할 수 있다.

오픈소스를 잘 활용하는 것은 비난할 일이 아니라 오히려 칭찬하고 격려해야 할 일이다. 하지만 누군가 결국 남이 개발한 오픈소스를 가져다가 개발한 것이라고 평가절하한다면 기분 좋을 리 없다. 내가 개발한 소프트웨어를 오픈하지 않는다면 다른 사람이 알 수 있는 방법이 없을 텐데 결국 이런저런 예상할 수 없는 이유는 개발자에게 부담이 되어 최대한 오픈하지 않으려는 것이다. 오픈소스는 외부의 모르는 개발자와 공유하는 것이 일반적이다. 오픈소스에 참여하면서 자신의 본명보다는 닉네임이나 아이디를 사용하는 경우가 많아 실제 자신이 누구인지 모르게 하는 경우도 많다. 그런데 이너소스는 어떠한가. 매일 얼굴 보며 함께 일하는 동료와 선후배에게 오픈한다는 의미다. 이너소스에서도 닉네임이나 아이디를 사용할 수 있다. 하지만 회사에서 몇 단계만 거치면 그게 누구인지 아는 건 그리 어려운 일은 아니다. 그러다 보니 개발자 입장에서는 오히려 오픈소스보다 이너소스가 더 부담스러운 경우도 있다.

이런 현상은 소프트웨어에서만 있는 건 아니라고 생각한다. 우리 사회에서도 여전히 타인에 대한 칭찬이 인색하다. "사촌이 땅을 사면 배가 아프다"라는 말은 우리 사회의 단면을 보여준다. 기업에서는 서로가 동료이기도 하지만 경쟁 관계다. 서로 돕고 함께 성장해야 하지만 어디 현실이 매번 그럴 수 있나. 우리는 여러 형태의 경쟁 관계에 놓일 수밖에 없다. 그렇기에 내가 오픈하는 것에 대해 잘했다고 칭찬하는 사람도 있지만 한편에서는 별것 아니라고 가치를 깎아내리는 사람도 있다.

자신이 가지고 있는 것을, 그것도 무료로 다른 사람과 나누기 위해 시도하는 모든 오픈소스는 그 자체로 마땅히 칭찬받아야 한다. 그게 어떤 형태의 소스이든 그렇다. 오픈소스를 더 잘하기 위해서는 당연히 좋은 소스들이 많이 나와야 하겠지만 그와 함께 중요한 부분은 우리 인식이 바뀌어야 한다. 오픈소스가 성장하기 위해 반드시 필요한 것이 '칭찬문화'다. 물론 아무거나 오픈하는 모든 것을 칭찬하기는 힘들다. 그럼에도 오픈한 용기와 노력에 누군가가 잘했다, 수고했다고 한마디 해준다면 우리나라 오픈소스 경쟁력은 더 높아질 수 있다.

사촌이 땅을 산 게 기쁘지 않을 수 있지만 그렇다고 배 아파하지는 말자. 칭찬은 고래도 춤추게 한다는데 우리 사회에 오픈이 춤출 수 있도록 칭찬하는 사회 분위기를 만들어보자. 전 세계를 주름잡고 있는 K-팝, K-푸드 같은 한류의 바람이 K-오픈소스로 이어질 그날을 기대한다.

행사에서
커뮤니티로

매년 2월 초 벨기에 브뤼셀에서 FOSDEM 오픈소스 행사가 열린다. FOSDEM은 Free and Open source Software Developers' European Meeting 약어로 2000년에 처음 시작됐다. 당시 리눅스 개발자가 자신의 지역에서 오픈소스에 관심 있는 사람들과 자유롭게 모여 논의를 시작한 것이 어느덧 24년이 되었다. 처음에는 유럽 개발자 중심으로 모이더니 점차 확대되어 현재 전 세계 5천 명 이상의 오픈소스 개발자들이 모이고 있다. FOSDEM을 갈 때마다 다른 개발자 행사와는 사뭇 다름을 느낀다. 첫째, 행사에 등록비가 없다. 무료이고 등록 자체가 필요 없다. 그냥 관심 있는 개발자 아니 개발자가 아니어도 상관없이 정해진 시간에 가면 된다. 그렇다면 행사 운영은 어떻게 할까. 모든 운영진은 자원하여 참여한다. 물론 소수의 기업 후원을 받고는 있지만 FOSDEM은 기업 스폰서를 최소화한다. 이유는 FOSDEM

이 특정 기업에 의존하지 않도록 하기 위함이다. 등록비가 없다 보니 가족 단위로 오는 사람도 많고 오픈소스를 모르지만 궁금해서 들른 사람도 있다. 둘째, 개개인의 후원으로 진행된다. FOSDEM을 이어가는 가장 중요한 원동력은 '후원 문화'라고 할 수 있다. 그 어떤 강요도 없다. 후원을 원하는 개인은 자유롭게 금액을 정해서 후원하면 된다. 또는 현장에서 30유로 정도의 가격으로 티셔츠를 판매하는데 수익금은 행사 운영에 사용한다. 그래서인지 티셔츠를 사려는 줄은 항상 길다. 다른 행사와 다르게 스폰서 기업이 제공하는 기념품이나 소셜 디너 같은 것은 아예 볼 수 없다. 아침식사나 점심식사도 스스로 해결해야 하기에 행사장 근처에 푸드 트럭이 길게 늘어선다. 셋째, 행사는 근무시간이 아닐 때 진행된다. 토요일과 일요일 이틀 간 브뤼셀에 있는 ULB 대학교 캠퍼스가 전 세계에서 몰려든 오픈소스 개발자로 붐빈다. 수백 명이 넘는 발표자들은 정해진 강의실에서 열띤 기술 토론을 하고 자신의 오픈소스 경험과 지식을 공유한다. 2024년 FOSDEM에서는 862개의 오픈소스 이벤트가 진행됐고 933명의 스피커가 67개의 기술 트랙에서 발표했다. 모두 자발적으로 진행했다. 대학 캠퍼스를 빌려서 사용하므로 행사를 마친 후에는 수백 명의 자원봉사자들이 함께 대대적인 청소를 한다. 누구 하나 억지로 하는 사람이 없다. 한 사람 한 사람이 FOSDEM을 만들어 간다는 표정이다. 특히 올해는 처음으로 주니어 트랙이 만들어졌고 7세부터 17세까지 참여할 수 있었다. 개발자 행사가 아니라 마치 소풍 나온 아이들 모임 같았다. 이들은 자라서 다시 FOSDEM 자원봉사자로 그리고 후원자로 참여할 것이다. 2025년은 FOSDEM이 시작한 지 25주년이 된다. 참석자 중에 후원으로 티셔츠를 구매했던 사람들은 모두 찾아서 입고 오기로 약속했다. 다채로운 기억과 경험을 가지고 2025년 다시 브뤼셀에서 모일 생각을 하니 벌써부터 기대가 된다.

내가 처음으로 참석했던 글로벌 오픈소스 행사는 OSCON이었는데 일주일 행사 참가비가 200만 원을 넘었다. 행사 기간 중 기념품이나 식사가 제공되고 특히 수백 개 기업에서 자신의 소프트웨어 솔루션이나 상품을 전시하고 인력 채용도 이루어졌다. 최근 코로나 이후 다시 참석하려고 보니 더 이상 OSCON이 포틀랜드에서 진행하지 않는 것을 알았다. 현재 OSCON은 오라일리에서 제공하는 온라인 플랫폼을 통해서만 진행하고 있다. 코로나 이전과 이후를 비교하면 FOSDEM은 성장했고 OSCON은 쇠퇴했다. 수익성 측면에서 OSCON이 다시 포틀랜드로 돌아갈 수 있을지 미지수다. 나는 FOSDEM은 커뮤니티로 OSCON은 행사로 해석한다.

최근 국내에서도 많은 기업이 개발자 컨퍼런스를 개최한다. 기업뿐 아니라 정부기관도 적극적이다. 다만 한국의 소프트웨어 경쟁력을 높이기 위해서는 지금의 컨퍼런스가 일시적 행사로 끝나지 않고 커뮤니티로 지속 성장해야 한다. 참여하는 개발자 규모도 전 세계로 확대돼야 한다. 국내 컨퍼런스는 주로 외국 유명 강사를 섭외하여 진행하는 키노트에 강점을 둔다. 키노트는 보통 첫날 앞부분에 진행되고 대외 홍보 수단으로 적극 활용한다. 예산의 상당 부분을 키노트 발표자 섭외에 사용하기도 한다. 키노트 장면은 기사에도 적극 활용하여 컨퍼런스의 성공적 개최를 홍보한다. 하지만 키노트 이후 다수의 참석자는 자리를 뜨곤 한다. 주최 측에서도 VIP 참석자들이 주로 키노트만 참석하므로 모객과 구성에 집중할 수밖에 없는 현실이다. 키노트 이후 진행되는 기술 세션에 VIP 참석자가 앉아 있는 경우를 아쉽게도 나는 거의 보지 못했다. 그렇게 컨퍼런스는 성공적으로 끝났다고 보고서가 작성되고 이벤트는 끝이 난다. FOSDEM의 수백 개가 넘는 세션에는 언제나 참석자가 북적인다. 그들에게 FOSDEM은 이벤트가 아니라 개발자들의 축제이고 배움의 장이다. 국내에서도 커뮤니티의 중요성에 대해 인지하고 최근 'DR$_{developer\ relations}$ 얼라이언스'와 같은 협력 움직임이 보이고 있어 발전이 기대된다. 참고로 DR은 기업이 상품을 홍보하기 위해 대중과의 관계를 강화하는 PR$_{public\ relations}$과 같은 개념으로 데브렐$_{DevRel}$이라고 부르기도 한다.

고려대학교 염현덕 박사의 논문 〈오픈소스 소프트웨어 커뮤니티 참여자 활동이 개발 성과에 미치는 영향에 관한 연구〉에 따르면 오픈소스 소프트웨어의 커뮤니티가 발전하기 위해서는 '사회적 상호작용'이 매우 중요하다고 분석했다. 사회적 상호작용은 다양한 외부 개발자들이 참여하는 커뮤니티에서 이슈를 제기하고 서로 토론하는 활동을 뜻하며 유사한 관심을 갖는 개인의 부딪힘과 토의를 통해 최초 생각이나 아이디어가 변형되고 새로운 지식으로 거듭나는 효과가 오픈소스 혁신에 중요하다는 것을 실증으로 확인했다. 이와 같은 사회적 상호작용은 커뮤니티에서 개발자들의 토의, 노하우 공유, 버그 리포트, 개발 일정이나 새로운 기능에 대한 논의 등 개발과 커뮤니티 운영에 관한 이슈 제기와 댓글을 통해 나타났다. 오픈소스의 혁신과 발전에 커뮤니티의 중요성을 다시 한번 확인할 수 있다.

크리스 앤더슨은 온라인에서 자신의 지식이나 정보를 공짜로 기부하는 세 가지 이유를 다음과 같이 설명했다.

"2007년 오라일리 미디어의 편집자인 앤디 오람은 이용자들이 만든 놀랄 만한 다양한 자료들을 보고 어떤 동기에서 이런 일을 했는지 궁금한 생각이 들었다. 그래서 그는 1년 동안 설문조사를 실시했고 그 결과를 표로 만들었다. 사람들이 그런 활동을 하는 첫 번째 이유는 '커뮤니티'였다. 사람들은 자신을 커뮤니티 일원으로 생각했고 커뮤니티가 활기를 잃지 않도록 뭔가 기여하고 싶어 했다. 두 번째 이유는 '개인적 성장'이었다. 이것은 매슬로우의 인간 욕구 5단계에서 최상위 단계인 '자아실현의 욕구'와 일맥상통한다. 세 번째 이유는 '상호작용'이었다. 사회학자들의 표현을 빌리면 그들은 소위 '메이븐maven'이었다. 풍부한 지식을 갖고 있는 사람들로, 자신의 지식을 다른 이들과 나누는 것을 즐기는 메이븐 말이다."

커뮤니티와 개인적 성장 그리고 상호작용 모두 오픈소스를 넘어 우리 사회에 꼭 필요한 요소들이다.

오픈이
곧 표준

우리 삶의 다양한 곳에서 표준standard이라는 말을 듣는다. 표준은 '다수가 동의하는 합리적인 기준'이라고 정의할 수 있다. 여기서 '다수'라는 부분이 중요하다. '모두'가 동의하는 건 현실적이지 않다. 세 명만 모여도 누가 내 편인가를 생각한다. 모두는 아니지만 다수가 동의하는 기준은 합리적이다. 표준은 기준이고 약속이다. 따라서 다수가 합의했지만 모두가 지켜야 하는 것이 표준이다. 특히 상호 호환성과 글로벌을 특징으로 하는 현대 사회의 기술 발전에 표준은 필수다.

표준은 다양한 방식으로 만들어지는데 이와 같은 과정과 행위를 통칭하여 표준화standardization라고 부른다. 가끔 주변에서 표준화가 뭐냐고 묻는 사람이 있다. 그럴 때마다 나는 '돼지코 전기 코드'를 사례로 든다. 한국에서 사용하는 모든 전자제품은 똑같은 모양의 전기 코드를 사용해야 한다. 그것이 한국의 표준이다. 전기 코드 표준을 만들 때 다양한 전문가가 모여 전기를 사용할 때 어떤 모양의 코드 형태가 좋을지 여러 논의를 거쳐 지금의 모양으로 결정했을 것이다. 여기서 돼지코 모양의 전기 코드가 '표준'이고 이것을 정하기 위해 진행했던 모든 과정을 '표준화'라고 할 수 있다. 표준이 정해지면 관련된 분야는 동일하게 사용해야 한다. 미국에서 전자제품을 구매해서 한국으로 가져오면 반드시 돼지코 어댑터를 사용해야 한다. 돼지코 모양의 전기 코드는 한국에서만 유효한 표준이기 때문이다. 미국은 11자 형태의 전기 코드가 표준이고 영국의 표준은 또 다르다. 과거 나라 간 이동이 많지 않던 시절에는 나라마다 다른 표준이 큰 문제가 되지 않았다. 하지만 지금의 글로벌 사회에서는 불편함이 크다. 만약 전 세계가 하나의 전기 코드를 표준으로 사용한다면 얼마나 편할까. 아쉽지만 이제는 불가능하다. 나라마다 전기가 보급된 시점이 달랐고 각자 방식대로 표준화를 진행하여 사용하고 있기 때문에 하나의 전기 코드 표준을 만들자는 합의는 현실적이지 않다. 만약 미국의 표준을 전 세계 표준으로 한다면 미국은 손해볼 것이 없지만 한국은 전기와 관련된 모든 것을 바꿔야 한다. 벽에 붙어 있는 전기코드를 11자로 바꾼다고 끝나는 것이 아니다. 국내 전자제품을 생산하는 모든 기업의 생산 기기를 바꿔야 하고 전기 배선과 시스템을 바꿔야 한다. 새로운 표준을 적용해야 하는 모든 분야는 심각한 피해와 추가 부담이 발생한다.

　세계가 하나로 연결되면서 우리 삶에 미치는 표준의 영향력은 더욱 커졌다. 그래서 생겨난 것이 '국제표준'이다. 특히 기술이 글로벌화되면서 국제표준의 역할이 산업적으로 중요해졌다. 한국 기업이 개발한 기술이 국제표준이 된다는 의미는 전 세계 모든 기업이 해당 기술을 반드시 사용해야 한다는 뜻이다. 기업들은 국제표준을 논의하고 결정하는 표준 단체에 적극 참여해 자신의 기술이 표준이 되도록 노력했다. 동시에 자신의 기술을 독점적으로 보호하기 위해 특허를 출원한다. 표준 기술은 사용할 때마다 로열티를 내야 하고 그 수익은 특허를 보유한 기업에 돌아간다. 로열티를 내고 싶지 않은 기업은 표준 기술을 사용하지 않고 자체적으로 개발할 수 있지만 현실적으로 쉽지 않다. 몇 가지 이유가 있는데 우선 표준 기술을 만들 때 기술과 관련된 주변의 다양한 아이디어를 함께 특허출원하기 때문에 표준 기술을 모방하여 자체적으로 기술개발 하기가 어렵다. 간신히 특허를 피해 자체 기술을 개발했다고 하더라도 넘어야 할 산이 있는데 바로 기업들의 연합이다. 표준 기술을 만드는 단체에서는 관련된 기업의 참여를 최대한 확보하여 시장 지배력을 높이고자 노력한다. 참여 회원을 늘림으로써 표준 기술이 만들어지면 해당 기술을 이용한 서비스나 제품을 빠르게 확산하여 시장을 지배하는 것이다. 이를 위해 표준 단체에서는 기술의 우수성을 대외에 마케팅하고 홍보한다. 하나의 기업이 자체 기술로 다수와 경쟁하기란 현실적으로 매우 어렵다. 따라서 많은 기업은 표준 단체에 참여하여 자신의 몫을 챙기는 방식으로 대응하고 있다. 지난 수십 년 동안 '국제표준화'를 통해 기술의 발전과 혁신이 이루어졌고 국내 많은 기업과 전문가들도 적극적으로 참여하고 있다.

IT 기술에서 한국의 국제표준화는 1990년에서 2000년이 전성기였다. 특히 국내 방송, 통신, 인터넷 등 IT 산업이 급성장하면서 기업은 기술 개발을 확대했고 글로벌 선두 기업의 기술을 적극적으로 벤치마킹했다. 그 과정에서 이미 많은 기술이 국제표준과 특허로 선점되어 있음을 깨닫고 이를 따라잡기 위해 국내 전문가들이 국제표준에 참여했다. 또한 국제표준을 지원하는 협회나 단체들이 국내에 생겨나면서 표준 전문가 양성도 증가했다. 나는 이들을 한국의 '1세대 표준 전문가'라고 정의한다. 1세대 표준 전문가의 활동에는 몇 가지 특징이 보인다.

1) 유창한 영어 - 국제표준화의 공통 언어는 영어다. 모든 논의와 회의가 영어로 진행되며 표준 기술을 작성하는 문서도 영어다. 아무리 좋은 기술이 있어도 영어 발표와 토론으로 참석자를 설득하지 못해 표준으로 채택되지 못하는 경우도 많았다. 특히 당시에 IT 분야에서 해외 유학파가 늘어나던 때이기도 하고 국제화 시대를 강조하며 영어 교육 열풍이기도 했다. 당시 사회적 분위기와 국제표준은 잘 어울렸다.

2) 코딩보다 아키텍트 - 코딩과 아키텍트 중 어느 것이 더 중요한지를 논할 필요는 없다. 이유는 소프트웨어 개발에 둘 다 중요하기 때문이다. 당시 국제표준화의 목표는 특허 확보가 주류였다. 이유는 설명한 것처럼 외부의 특허들이 한국의 IT 산업 발전에 큰 장애물이 되었기 때문이다. 한국의 위상과 산업이 급성장하면서 동시에 신문과 뉴스에 자주 등장한 말이 '특허 공격'이었다. 한국이 기술 개발하여 제품을 생산하고 전 세계로 판매를 늘려가는 시점이 되면 여지없이 어디선가 해당 기업을 특허로 공격하는 사례가 빈번했다. IT 강국으로 발전하는 한국이 특허를 가진 해외 기업들에게는 로열티 수익을 얻을 수 있는 좋은 먹잇감으로 보였을 것이다. 그래서인지 국내에서는 당시 표준에 제안하는 기술은 반드시 특허를 출원하도록 장려했다. 소프트웨어로 구현하는 기술도 마찬가지다. 코딩을 통해 실제로 동작하는 개발보다 어떤 구조로 어떻게 구성하는지 아키텍처를 표준 기술에 제안하고 전

체를 특허로 출원하는 것이 국제표준화 목적에 핵심이었다. 많은 표준 전문가들이 직접 코딩하기보다 주로 설득력 있는 발표 자료 작성에 심혈을 기울였다.

3) 박사 학위 - 표준 전문가들 중에는 박사가 유독 많았다. 이유는 위에 설명한 특징과 무관하지 않다. 학위 과정에는 소프트웨어 코딩을 통한 구현보다 리서치와 학문적 이론 연구에 중점을 둔다. 논문 작성에 코딩을 통한 논문 알고리듬 구현도 포함하지만 그보다는 수학적 검증을 선호했다. 우수 학회에 논문이 채택되기 위해서는 복잡한 수학 모델과 수식을 반드시 포함해야 했다. 그렇다고 수학이 중요하지 않다는 의미가 아님은 다시 한번 강조하고자 한다. 학위 취득 후 연구기관이나 기업에서도 직접 코딩을 하는 개발 업무보다는 아키텍트나 프로젝트 리더와 같이 직접 코딩하지 않는 분야의 업무 위주였다. 당시는 '코딩'보다 '아키텍트'를 더 그럴듯하게 보는 시선이 있었던 건 부인하기 어렵다. 일부에선 코딩 개발자는 아키텍트 개발자를 지원하는 상하구조로 언급되곤 했다. 물론 다른 나라의 표준 전문가들 중에도 박사는 많다. 하지만 유독 한국 전문가 중에 많이 보였던 건 국제표준화에 대한 국내의 인식과도 무관하지 않다.

4) 소수 기업 참여 - 국제표준의 중요성이 커지면서 국내에서도 국제표준 전문가 지원 제도가 늘어났고 참여자도 확대됐다. 하지만 여전히 한국은 특정 기업, 특히 대기업이나 국가기관 그리고 대학에서 대부분 참석했다. 국내 산업 구조 특성도 있겠지만 리소스가 부족한 기업에게 표준화 업무의 잦은 해외 출장과 업무 공백은 부담이다. 특히 단기간 수익으로 연결되지 않는 표준화의

특성은 많은 기업의 사업 우선순위에서 밀렸다.

1세대 표준 전문가들은 한국의 국제표준화 초기에 열정적으로 활동했다. 미국 유럽과의 시차, 잦은 해외 출장, 특히 한국 문화와는 너무도 다른 서구식 표준 활동과 언어의 장벽 같은 녹록치 않은 상황에서도 최선을 다했다. 1세대의 국제표준은 'Fast Follower'였다. 지금은 산업과 개발 문화의 변화에 따라 표준화의 모양이 달라지고 있다. 나는 지금의 개발자들을 '2세대 표준 전문가'로 정의하고 국제표준에서 한국은 'First Mover'가 되기를 희망한다. 그러기 위해서는 국제표준이 어떻게 변하고 있는지를 정확히 이해하는 게 무엇보다 중요하다.

현재 미국 시가총액 상위 기업 중 다수가 플랫폼 기업이다. 마이크로소프트, 애플, 아마존, 알파벳(구글), 메타(페이스북) 등이 대표적이다. 이들은 클라우드를 운영하며 서비스를 제공하는 대표적인 기업들이다. 앞서 설명했듯이 클라우드는 오픈소스로 구축된 소프트웨어 플랫폼이다. 클라우드 플랫폼 구축을 설명하는 표준 문서는 없다. 안드로이드 OS 플랫폼이 곧 시장의 표준이고 인터넷 SNS 서비스를 제공하는 오픈 플랫폼이 표준이다. 클라우드나 플랫폼에서 사업을 하려면 그들이 사용하는 오픈소스를 사용해야 한다. 오픈소스로 구축된 IoT와 연결하려면 그들이 사용하는 오픈소스로 제품을 개발해야 한다. 오픈소스는 이미 공개되어 있으므로 상세히 기술하여 별도의 문서로 만들지 않는다. 정확히는 문서가 필요 없다. 앞서 정의한 것처럼 표준은 '다수가 동의하는 합리적인 기준'이다. 결과적으로 소프트웨어에서는 문서 형태가 아니지만 시장에서 기업이 그리고 개발자가 동의하여 함께 사용하고 있는 오픈소스가 곧 표준이다. 또한 표준을 만드는 행위와 과정을 '표준화'라고 했듯이 오픈소스에 참여하고 자신의 코드를 기여하는 과정이 바로 표준화다. 국내에서도 '표준'과 '표준화'의 정의가 1세대의 기술을 문서로 제안하고 채택된 표준을 규격서$_{specification}$로 발행하는 형태에서 2세대에는 오픈소스에 참여하고 코드를 기여하며 공동 개발하는 형태로 개념과 인식이 확대되어야 한다. 더욱이 오픈소스는 소프트웨어를 넘어 하드웨어, 반도체뿐만 아니라 다양한 노하우와 경험으로 확대되고 있다. 더 이상 표준화의 결과물 형태를 문서로 한정하지 말아야 한다. 표준의 핵심은 결과물 형태가 아니라 어떻게 시장을 주도하고 지배할 것인가에 있다.

표준의 형식이 변함에 따라 2세대 표준 전문가에게 보여지는 특징도 달라졌다. 우선 영어는 큰 장애가 되지 않는다. 대부분의 활동이 발표가 아니라 코딩이기 때문이다. 'Code is King' 코드가 왕인 세상에서 어린 학생들도 전문가로 활동하는 것을 보면 학위의 위력은 미비하다. 전문가 중에는 '문과생'도 여럿 있다. 그들은 코딩이 아닌 커뮤니티 운영, 도큐멘테이션 개발, 개발자 협력 등을 책임지며 오픈소스 성장을 함께 이끈다. 대기업에서부터 중소기업 또는 개인 개발자에 이르기까지 참여하는 소속도 다양하다. 오픈에서는 기업의 소속보다 개인의 아이디 브랜드가 훨씬 강하기 때문이다.

표준단체에서는 리더들을 보통 의장$_{chairperson}$이라고 부른다. 기술 분야별로 워킹그룹이 있고 각 워킹그룹에는 한두 명의 의장이 회의를 주관한다. 이에 비해 오픈소스는 의장이라는 표현을 거의 사용하지 않는다. 대신 기술별로 코드를 책임지는 리더들을 메인테이너$_{maintainer}$나 리뷰어$_{reviewer}$ 또는 커미터$_{committer}$ 같은 이름으로 부른다. 의장은 투표$_{voting}$로 의사결정$_{decision}$을 하고 메인테이너/리뷰어/커미터들은 동의 표시(+1)로 합의consensus한다. 의장의 선임은 상향식top-down 위주이나 오픈소스는 개발자들 간의 상호 추천에 의한 하향식bottom-up 방식이 보통이다. 표준의 변화는 최근 기업이 추구하는 '수평적 일하는 문화'와도 결을 같이한다. 시대의 변화에 맞춰 우리의 표준 전략도 새롭게 변해야 하는 이유다.

에필로그

세상을 바꾼 기술을 처음 시작한 사람들을 우린 보통 아버지라고 부른다. 빈트 서프Vint Cerf는 인터넷의 아버지로 불리며 팀 버너스리Tim Berners-Lee는 웹의 아버지로 불린다. 오픈소스의 상징인 리눅스의 아버지는 리누스 토발즈Linus Torvalds다. 국내에 대표적인 아버지는 인터넷의 전길남 박사가 있다. 오픈의 세상을 활짝 열어준 '오픈의 아버지'들이다. 그들은 자신만의 수익보다 더 많은 사람들이 기술의 혜택을 누리기를 갈망했고 기꺼이 자신의 지식을 오픈하며 사람들이 참여하여 협력할 수 있도록 노력했다. IETF 나 W3C의 Royalty Free 특허 정책이 그렇고 리눅스 오픈소스의 라이선스 정책이 그렇다. 그들이 만약 자신의 기술을 독점하여 수익을 얻고자 했다면 지금과 같은 오픈의 세상이 가능했을지 모를 일이다.

"인터넷 삼촌이 떴다"

2014년 당시 나는 국내에서 최초로 IETF 와 W3C 두 곳 모두에서 워킹그룹 의장직을 수행했었고 그 성과를 기사화한 제목이다. 기자는 사전 인터뷰에서 다음과 같이 질문했다.

"국내에서 최초의 타이틀을 가지고 계시니 그럼 인터넷이나 웹의 아버지인 셈이네요?"

"아닙니다. 이미 인터넷과 웹에는 아버지가 있어요."
"그래요? 음, 그렇다면 연구원님은 인터넷의 삼촌이라고 해야 할까요?"

그렇게 마무리된 인터뷰에서 기사의 제목이 선정됐고 그 후로 나는 회사에서 인터넷의 삼촌으로 불리곤 했다.

기사 이후 나는 삼촌이 아니라 아버지가 되기 위해 여러 번의 시도를 했고 새로운 오픈 단체를 만들어보기도 했지만 아직까지 아버지가 되지는 못했다. 무언가를 시작할 때 자주 인용하는 말이 있다. "네 시작은 미약하지만 네 나중은 창대하리라" 세상 모든 일의 시작은 미약하다. 특히 미약한 것을 오픈하여 다른 사람들이 보게 된다면 고민은 더욱 깊어진다. "두려워해야 할 유일한 것은 두려움 그 자체다" 프랭클린 루즈벨트의 말이다. 오픈은 때론 막연한 두려움을 준다. 중요한 건 꺾이지 않는 마음이라는 말처럼 오픈에는 꺾이지 않는 용기 있는 마음이 필요하다. 나의 오픈을 응원하고 지지해줄 사람들이 어딘가에 반드시 있다는 동료를 향한 믿음. 오픈을 통해 내가 미처 알지 못하고 깨닫지 못한 것들을 발견할 수 있다는 성장을 향한 기대. 남과 다른 나를 오픈함으로써 스스로의 가치를 인정하고 충분히 아름('나'라는 의미의 옛말)다울 수 있다는 세상을 향한 용기. 나의 작은 오픈이 세상을 변화시킬 것이라는 미래를 향한 확신. 그리고 언젠가는 지금의 미약한 오픈이 창대해 질 것이기에 끝까지 포기하지 않겠다는 스스로를 향한 신념으로 주변에 더 많은 '오픈의 아버지'들이 등장하기를 기대한다.

　끝으로, 지난 20여년간 수많은 오픈의 싸움에서 함께 동고동락한 동료 그리고 선후배에 감사의 말을 전한다. 생애 첫 집필에 최고의 파트너로 만난 한빛미디어 홍성신 팀장에게도 특별히 고마움을 전한다. 무엇을 하든 어디에 있든 한결같은 내편 승혜와 예은 그리고 준선, 고맙고 사랑한다. 나의 힘이신 하나님께 감사드린다.